L'UTILITARISME

JOHN STUART MILL

L'UTILITARISME

Traduction,
chronologie, préface et notes
par
Georges TANESSE

Champs classiques

ISBN : 978-2-0812-1794-2

CHRONOLOGIE

L'ENFANCE ET LA JEUNESSE

1806 (20 mai) : Naissance de John Stuart Mill à Londres. Son père James Mill, fils d'une servante écossaise et d'un modeste cordonnier de village, également écossais, avait pu, grâce à la libéralité d'un voisin de campagne (Sir John Stuart of Fettercairn) devenu par la suite le parrain de John Stuart Mill, faire à l'Université d'Edimbourg des études de théologie. Il n'exerça pas la prêtrise, gagna Londres en 1802, avec l'espoir — bien téméraire — d'y vivre de sa plume. Marié en 1805 avec une jeune fille de condition modeste, il eut son premier enfant, « John Stuart », en 1806. Par la suite, il en eut huit autres. Jusqu'en 1819, la situation de la famille fut précaire et presque misérable.

1809 : James Mill prend en main l'éducation de John, qui n'ira jamais à l'école et ne sera jamais étudiant d'aucune Université. A l'âge de trois ans, il commence l'étude du grec, à huit ans celle du latin, un peu plus tard celle des mathématiques (il en est, à douze ans, au calcul différentiel). A treize ans, il aborde l'économie politique. James Mill étant devenu agnostique vers 1808 sous l'influence du philosophe Jeremy Bentham, l'instruction religieuse ne figure pas à ce programme. Ni camarades, ni vacances, ni jours de congé pour le jeune John. En fait d'exercices physiques, une promenade chaque matin en compagnie de son père. Pendant plus de douze ans, James Mill consacre tout son temps à l'éducation de son fils John — et à l'élaboration d'un ouvrage important : *Histoire de l'Inde britannique*, sur lequel il comptait pour améliorer la situation familiale.

1819 : Publication de l'*Histoire de l'Inde britannique* (9 vol.). Le succès fut considérable, et James Mill fut presque aussitôt appelé par la Compagnie des Indes pour remplir à Londres d'importantes fonctions, aux appointements annuels de 800 £.

1820-1821 : Pour la première fois, J. S. Mill, âgé de 14 ans, quitte la Grande-Bretagne pour passer un an dans le midi de la France, où il est l'hôte de Samuel Bentham, frère du philosophe. A l'éducation purement livresque qu'il avait reçue, il ajoute maintenant, au cours de ce séjour, la natation, l'escrime, l'équitation; il apprend le français (qu'il écrivit et parla fort bien), visite le bassin d'Aquitaine et les Pyrénées, et finalement suit des cours à la faculté des sciences de Montpellier (le temps le plus heureux de ma vie, écrivit-il plus tard dans son *Autobiography*). De ce premier séjour en France date l'attachement profond de Mill pour notre pays.

1822 : A son retour en Grande-Bretagne, il lit le *Traité de Législation* de Jeremy Bentham. Converti dès ce jour à la philosophie de l'utilité, il devait déclarer plus tard, dans son *Autobiography*, que cette lecture l'avait « transformé ». Il fonde, avec quelques amis, disciples de Bentham et de James Mill une « Société utilitariste » — qui dura trois ans.

1824 : Il obtient, sous les ordres de son père, un emploi modeste *(clerk)* à la Compagnie des Indes. Il devait finalement y remplir les fonctions, très importantes, d'*examiner*. Il ne quitta la Compagnie qu'à sa disparition, en 1858.

1825 : Dissolution de la « Société utilitariste » que J. S. Mill remplace par une Société de discussion,

Debating Society, ouverte à toutes les tendances. Fréquence croissante des heurts entre J. S. Mill et son père. Publication d'articles dans diverses revues, et spécialement dans la *Westminster Review*, dont Mill deviendra par la suite le directeur. Mill apprend l'allemand.

LA CRISE DE 1826 ET LA MATURITÉ

1826-1830 : Crise physique et morale. Le surmenage invraisemblable que lui avait imposé son père, et aussi le désaccord de plus en plus grave avec lui, expliquent assez la crise de 1826 sous ses deux aspects. Mill, influencé par des penseurs romantiques, tels que Coleridge, se sent de plus en plus à l'étroit dans la doctrine scientiste et utilitariste de James Mill et de Bentham, et l'hostilité de son père à tout ce qui relève du sentiment lui paraît de plus en plus inacceptable.

1830 : Première rencontre de Mill avec Harriet Taylor. Harriet Taylor, mariée et déjà mère de deux enfants, lui ouvre le monde du rêve, de la poésie, de l'amour partagé ; il noue avec elle des liens d'amitié, et, vingt et un ans plus tard, lorsqu'elle sera devenue veuve, il l'épousera. Elle a exercé sur lui — sur son caractère surtout — une influence considérable.

1831 : Début de la correspondance de Mill avec Thomas Carlyle. Elle se poursuivra, semble-t-il, jusqu'en 1846.

1841 : Début de la correspondance avec Auguste Comte. Elle se poursuivra jusqu'en 1847.

1843 : Publication du *Système de logique déductive et inductive*, un des deux ouvrages les plus importants de Mill.

1848 : Publication des *Principes d'économie politique*, ouvrage également très important, où l'on reconnaît l'influence d'Harriet Taylor, qui oriente Mill vers le socialisme.

1851 : Mariage de Mill avec Harriet Taylor (devenue veuve en 1849).

LES DERNIÈRES ANNÉES

1858 : Suppression de la Compagnie des Indes. Mill bénéficie désormais d'une pension de retraite élevée et dispose de tout son temps. Dans la même année, mort à Avignon (que Mill et sa femme traversaient pour aller passer l'hiver à Hyères) d'Harriet Mill, qui succombe à une hémorragie pulmonaire. Mill fait, à Avignon, l'acquisition d'une propriété dans le voisinage du cimetière où repose sa femme et où il reposera lui-même. Il habite désormais Avignon pendant presque toute l'année, en compagnie de sa belle-fille Helen Taylor. Il y mourra quinze ans plus tard.

1859 : Publication de *La Liberté*.

1861 : Publication de *L'Utilitarisme* et du *Gouvernement représentatif*.

1865 : Publication de l'*Examen de la philosophie de Hamilton*.

1867 : Est élu député de Westminster à la Chambre des communes comme candidat radical. Il y défend les causes qui lui sont chères; en particulier, mais sans succès, le suffrage féminin. La Chambre ayant été dissoute en 1868, il n'est pas réélu et regagne Avignon — avec une grande joie.

1869 : Publication de *L'Assujettissement des femmes* (écrit en 1861). Il réclame le vote d'une audacieuse loi agraire en faveur des paysans irlandais et d'une réforme de la tenure des terres dans tout le Royaume-Uni.

1873 (7 mai) : Mort de John Stuart Mill à Avignon (érysipèle infectieux). J. S. Mill et sa femme reposent à Avignon dans la même tombe.

PRÉFACE

Alors que l'Université canadienne de Toronto vient d'entreprendre, avec le concours de professeurs d'université des Etats-Unis, la publication d'une édition critique en vingt-deux volumes des œuvres complètes de John Stuart Mill, le public philosophique de la France d'aujourd'hui ignore trop souvent la pensée de Mill et porte fréquemment sur elle, quand il ne l'ignore pas tout à fait, un jugement hâtif et mal fondé.

C'est ainsi que Mill apparaît trop souvent, en morale, comme un disciple fidèle de Bentham, qui aurait fait sienne la doctrine morale de son maître, en y introduisant seulement, avec maladresse, la notion de « qualité » des plaisirs, addition qui serait la négation même de cette doctrine, en ce qu'elle a d'essentiel, et qui fait honneur, dit-on avec une bienveillance méprisante, « au caractère de Mill plus qu'à sa clairvoyance ».

Il convient de rétablir la vérité.

Disciple, d'abord docile, de son père et de Bentham, il devint, aux approches de la vingtième année, un disciple très indocile, puis un disciple rebelle. Vers 1830, il est bien décidé à penser par lui-même, et l'on peut suivre, depuis 1833 jusqu'en 1861 (date de la publication de *L'Utilitarisme*), à travers sa correspondance et ses divers écrits, l'élaboration de sa philosophie pratique.

La crise par laquelle il passe en 1826 [1] marque

1. V. son *Autobiography*, trad. française sous le titre *Mes Mémoires*, p. 126 et suivantes.

l'origine de cet effort personnel de pensée. A cette crise on pourrait ne pas assigner d'autre cause que le surmenage extravagant que son père — qui avait voulu être son seul maître — lui avait imposé depuis l'âge de trois ans. Mais, à vrai dire, elle est liée aussi à un conflit intérieur, d'ordre psychologique et moral. Son éducation, très autoritaire et exclusivement orientée par son père vers le développement de l'intelligence, l'avait soustrait à toutes les influences qui auraient pu s'exercer sur lui du dehors. Vers l'âge de vingt ans, il se trouva brusquement confronté avec le réel [1], et en particulier avec le romantisme qui se déchaînait alors sur la Grande-Bretagne et qui répondait d'ailleurs mieux que l'intellectualisme paternel et la morale de Bentham à sa nature profonde. Sa dépression morale trouva un allègement dans la lecture des poètes, en particulier de Wordsworth et de Coleridge; et les relations d'amitié qu'il noua à partir de 1830 avec Harriet Taylor firent le reste. Puis, la tempête intérieure une fois apaisée, il se donna pour tâche de concilier les droits de l'intelligence, les exigences du sentiment, et les aspirations profondes de la personnalité, chères aux romantiques. Cet effort devait se poursuivre durant toute sa vie, selon la méthode de pensée qu'il avait décidé de suivre : saisir tous les aspects du réel, qui est *vielseitig*, mot de Gœthe qu'il aimait à citer, et spécialement toutes les richesses de la vie intérieure; et retenir de toutes les doctrines la part de vérité qu'elles contiennent toujours. Eclectisme, si l'on veut, mais éclectisme de bon aloi, « qui unit les idées en les approfondissant, enfant légitime de la raison interprétant l'expérience » (André Lalande).

En 1833, il publie, sans nom d'auteur, une étude sur la philosophie de Bentham [2], et une autre sur celle de

1. V. lettre à Thomas Carlyle du 12 janvier 1834 : « [I] had never conversed with a reality » (J. S. Mill, « The Earlier Letters » in *Collected Works*, Toronto, 1964).

2. « Remarks on Bentham's Philosophy » in Lytton Bulwer. *England and the English*, Appendix B.

son père [1]. A l'un et à l'autre il reproche de n'avoir eu de la réalité qu'une vision incomplète. Le sentiment du devoir, le sentiment moral, la conscience morale ont échappé à Bentham. La négation de la conduite désintéressée est l'une de ses plus graves erreurs. Quant à James Mill, il n'envisage de la nature humaine que ce qui est commun à tous les hommes, sans tenir le moindre compte des différences de caractère entre les individus. Et cela l'amène à une conception très étroite de la perfection morale, qui lui apparaît seulement comme rectitude et fermeté morale, alors qu'elle est bien autre chose encore.

En 1838 — sous son nom, cette fois — il consacre une autre étude à Bentham [2]. Il lui adresse, en termes plus mesurés, essentiellement les mêmes critiques qu'en 1833, insistant encore sur l'importance de la vie intérieure pour établir les bases de la morale et sur la nécessité d'une éducation de soi-même, reprochant à la morale de Bentham de n'apercevoir que le côté « affaires » [*business*] de la conduite, et d'en négliger les sources profondes.

Mais c'est seulement en 1843, à la fin de son *Système de logique*, que Mill définit avec précision la morale telle qu'il la conçoit, en la situant dans le plan général d'une philosophie « de la pratique ». Il envisage la constitution d'un « Art de la vie », qui comprendrait trois rameaux : la *Morality*, qui aurait pour objet de nous faire connaître le *right* et le *wrong*, c'est-à-dire la *correction morale;* la *Policy* ou *Prudence*, qui formulerait, dans le domaine de l'*expedient*, les règles d'une gestion avisée des affaires privées ou publiques (à cela se bornait en somme la « morale » de Bentham); et enfin l'*Aesthetics* qui, avec l'aide du sentiment, guiderait notre imagination pratique dans la recherche du beau, du noble et de l'aimable. A cet « art de la vie » seraient subordonnées toutes les techniques particulières, auxquelles les sciences ne

1. « A few observations on Mr Mill », Appendix C.
2. « Bentham » in *Dissertations and Discussions*, T. I, éd. Routledge, p. 270 et suivantes.

fourniraient que leurs moyens d'action, leurs fins étant imposées par la nature (médecine par exemple) ou choisies par la volonté humaine (métallurgie par exemple). La *Policy* et l'*Aesthetics* sont subordonnées elles-mêmes à la *Morality*. Et le principe suprême auquel il faut se référer pour établir entre les techniques l'ordre hiérarchique qui s'impose, et résoudre en dernière instance tous les problèmes de l'action, est le principe de l'utilité. A noter que Mill distingue avec soin l'utile [*useful*] de l'expédient [*expedient*]. Est utile tout ce qui peut contribuer au bonheur général. Est expédient tout ce qui peut permettre de réaliser une fin prochaine, souvent assez basse, ou seulement personnelle [1].

Dans l'établissement du plan de sa philosophie pratique, Mill a visiblement poursuivi l'effort de conciliation déjà commencé depuis une dizaine d'années. D'une part, sa morale, comme celle de Bentham, a résolument rompu ses attaches avec une métaphysique plus ou moins servante des croyances religieuses; elle devient une technique — supérieure à toutes les autres, sans doute — mais qui est liée — virtuellement du moins — aux sciences humaines, et spécialement à la sociologie et à la psychologie; et la fin suprême, à la réalisation de laquelle tous les efforts doivent tendre dans tous les domaines, nous est révélée par l'expérience : c'est le bonheur de l'homme. Mais d'autre part, en faisant une place à l'*Aesthetics*, qui relève, selon lui, du sentiment et de l'imagination, il fait leur part aux exigences du romantisme de son temps.

Pendant le même temps et dans les années qui suivent, Mill, qui subit, à partir de 1834, l'influence de Carlyle (hostile à l'utilitarisme), reste pourtant fermement attaché au *principe* de l'utilité et le défend avec force, d'abord contre le professeur Sedgwick [2]

1. La traduction maladroite des deux mots *expedient* et *useful* par le même mot français *utile* est certainement responsable dans une large mesure des contresens commis couramment dans l'interprétation de la pensée de Mill.

2. « Professor Sedgwick's Discourse on the Studies of the

et ensuite contre Whewell[1]. Mais son « utilitarisme » n'est plus celui de Bentham. Il écrit à Carlyle le 12 janvier 1834[2] : « Je suis encore et je resterai probablement utilitariste, mais sans faire partie de ces gens qu'on appelle « utilitaristes »; à dire vrai, c'est à peine si j'ai une de mes prémisses secondaires en commun avec eux et je ne suis même pas du tout utilitariste, si ce n'est dans un sens tout différent de ce que tout le monde, sauf moi peut-être, entend par ce mot... Vous jugerez plus tard du nombre et de la diversité considérables des éclaircissements que requiert mon utilitarisme et vous verrez que ces éclaircissements affectent son essence et non pas seulement ses aspects accidentels. »

En 1861, la philosophie pratique et plus spécialement la morale de Mill semblent avoir acquis leur forme définitive dans *L'Utilitarisme*.

L'effort de conciliation entre doctrines diverses, celle de Bentham, celles de Coleridge et Carlyle, celles des saint-simoniens et d'Auguste Comte, et plus généralement entre les exigences de la raison appliquée à l'expérience et celles du sentiment, paraît, dans ce domaine, avoir atteint son but. Le bonheur, qui reste, comme chez Bentham, la fin dernière de la conduite humaine, n'est plus simplement lié à la satisfaction de nos désirs, sans distinction de *qualité*. Une hiérarchie de dignité entre les tendances s'impose. C'est le bonheur de l'homme *en tant qu'homme* — sans qu'il faille pour autant jeter le discrédit sur aucun des plaisirs compatibles avec la dignité humaine — qui est notre fin normale. Le bonheur « standard », qui résulterait d'un calcul mathématique, tel que le concevait Bentham, n'est pas celui qu'exige la nature humaine. A la *morality*, qui est l'accomplissement des

University of Cambridge », 1835, in *Dissertations and Discussions*, T. I, éd. Routledge, p. 77 et suivantes.

1. « Dr Whewell on Moral Philosophy », 1852, in *Dissertations and Discussions*, t. II, p. 450 et suivantes.

2. « The Earlier Letters of J. S. Mill » in *Collected Works*, t. I, p. 207, Toronto and London, 1963.

obligations de justice et de fraternité imposées par la conscience collective, et qui condensent, tant bien que mal, l'expérience séculaire acquise par l'humanité au cours d'un effort continu, soit pour rendre possible la vie en société, soit pour remplir les conditions du bonheur général, s'ajoute, pour chacun de nous, la *libre* poursuite des fins personnelles pour le choix desquelles les considérations de *qualité*, fondées sur une expérience *sui generis*, joueront un rôle décisif, ce choix relevant de l'*Aesthetics*.

La philosophie pratique de J. S. Mill n'est pas, ainsi qu'on le voit, la pâle et maladroite copie de philosophies antérieures. Mill a résolument affirmé son indépendance — et cela dès l'âge de vingt ans, au point de se heurter souvent aux utilitaristes benthamiens de stricte observance, et, d'abord, à son père.

De Bentham, il retient le principe de l'utilité, mais le principe seulement. Encore donne-t-il au mot « utile » un tout autre sens que Bentham, en distinguant soigneusement « l'utile » de « l'expédient ».

Et de même Mill économiste, sans renoncer à admettre comme valables les travaux des économistes libéraux concernant la *production* des richesses, affirme que leur *répartition* n'obéit pas à des lois inflexibles, mais peut et doit être organisée par la volonté humaine en quête de la justice.

Mais la philosophie de Mill est aussi largement et généreusement ouverte sur l'avenir. Mill est resté fidèle à l'empirisme anglais traditionnel peut-être, mais il a élargi et enrichi la notion même d'*expérience*. La hiérarchie des plaisirs établie par des consciences « compétentes » est déjà l'esquisse de « l'expérience morale » définie plus tard par Rauh. Comme Bentham il fonde les impératifs moraux sur l'expérience, mais l'expérience, ici, ce sont des faits normatifs, des jugements de valeur et les règles qui leur sont liées dans une société donnée. C'est déjà presque le *fait moral*, tel que l'ont conçu Durkheim, Rauh ou Lalande. La distinction même que Mill établit entre les obligations morales — expression des exigences de la vie collective — et les aspirations individuelles vers un idéal supérieur fait déjà penser à la distinction bergsonienne entre la « morale close » et la « morale ouverte », entre la « morale de la pression » et la « morale de l'aspiration », à cela près que Mill ne penche aucunement vers le mysticisme. Enfin, il n'est pas douteux que les conceptions sociales de Mill ont inspiré plus tard la « Société Fabienne » à laquelle la doctrine et l'esprit du Parti travailliste doivent tant...

En fait, Mill, philosophe et propagandiste, économiste et député aux Communes, logicien et animateur de « Sociétés de discussion », militant toujours prêt à défendre les plus nobles causes, avait le droit de dire en mourant : *You know that I have done my work*, « Vous savez que j'ai accompli ma tâche ».

Pour tout dire, la belle formule de Bergson : « Il faut agir en homme de pensée et penser en homme d'action », semble, par avance, avoir été mise en pratique par Mill.

Il se réjouirait de voir aujourd'hui triompher ou près de triompher les causes qui lui furent chères : le suffrage des femmes, la représentation proportionnelle, les réformes de structure orientées vers le socialisme.

Comment ne souscrirait-on pas au jugement pénétrant et équitable que portait sur lui Louis Cazamian, qui le connaissait bien ? : « Son œuvre est grande et n'a pas cessé d'être féconde. Fruit d'une pensée noblement scrupuleuse et d'une humanité réfléchie, elle contenait assez d'avenir pour durer [1]. »

Georges TANESSE.

1. Legouis et Cazamian, *Histoire de la littérature anglaise*, éd. 1951, p. 1047.

NOTICE SUR L'UTILITARISME

L'Utilitarisme (en anglais : *Utilitarianism ;* exactement : *la doctrine* utilitariste) a été composé par Mill entre 1854 et 1860. Il a paru d'abord dans le *Fraser's Magazine* (livraisons d'octobre, novembre et décembre 1861) et ensuite en volume en 1863. Il obtint un succès considérable, très apprécié par les uns, très attaqué par d'autres, eut 15 éditions successives jusqu'en 1907 et fut souvent réimprimé. Il a été traduit dans les principales langues du monde, y compris le chinois, le japonais et l'hébreu. Les traductions françaises — très imparfaites et qui furent souvent responsables de beaucoup d'erreurs commises dans l'interprétation de la pensée morale de Mill — étaient épuisées depuis longtemps lorsque la présente traduction — entièrement nouvelle — a paru (1964). Elle a été faite sur la dernière édition parue du vivant de l'auteur (4e éd., 1871).

SOMMAIRE BIBLIOGRAPHIQUE

On pourra consulter pour une bibliographie plus complète :

PACKE, Raphaël St John. *The Life of J. S. Mill*, London, 1954, p. 532-542 et pour les ouvrages ou articles de Revues plus récents le périodique :

The Mill News Letter. John M. Robson editor. Published by University of Toronto Press. Premier numéro paru en 1965.

Enfin, on trouvera une bibliographie plus sommaire. mais encore utile dans J. S. MILL. *L'Utilitarisme*, trad. Georges TANESSE, Toulouse, 1964, p. 64 à 79.

I. — ŒUVRES DE J. S. MILL

L'Œuvre de Mill est considérable. Ses articles de Revues, qui ne sont pas la moins intéressante partie de son œuvre, et qui ne sont pas encore entièrement répertoriés, sont innombrables.

L'Université de Toronto a entrepris la publication, en édition critique, de ses Œuvres complètes, qui comprendront vingt-deux volumes.

En se bornant à l'essentiel pour la connaissance de la philosophie — surtout *pratique* — de Mill, on doit mentionner :

The Spirit of the Age. Chicago, 1942 avec préface de F. A. HAYEK (Art. parus dans l'*Examiner* en 1830-1831). *Remarks on Bentham's Philosophy*, 1833 et *A few Observations on Mr Mill*, 1833 (Art. non signés parus en appendices (B et C) à l'ouvrage de Edw. Lytton BULWER. *England and the English*, Paris, 1833).

Réimpr. in J. W. M. GIBBS. *Early Essays by J. S. Mill selected...* London, 1897.

« Professor Sedgwick's Discourse on the Studies of the University of Cambridge », 1835, in *Dissertations and Discussions*, t. I.

« Bentham », 1838, in *Dissertations and Discussions*, t. I.

« Coleridge », 1840, in *Dissertations and Discussions*, t. I.

Réimpr. sous le titre : *Mill on Bentham and Coleridge, with an Introd. by F. R. Leavis*, London, 1962.

System of Logic ratiocinative and inductive, London, 1843, 2 vol. Trad. fr. PEISSE sur la 6e éd., Paris, 1866-1867, 2 vol. Excellente trad. fr. du 6e livre (Sciences morales) par BELOT, Paris, 1897.

The Principles of political Economy, London, 1848, 2 vol., 8e éd. (définitive) en 1871.

Réimpr. avec introd., variantes et commentaires par ASHLEY, London, 1909.

Réimpr. en 2 vol. dans les *Collected Works*. éd. par l'Univ. de Toronto, avec Introd. de BLADEN, 1965. Trad. fr. de DUSSARD et COURCELLE-SENEUIL, sur la 3e éd., 1873.

« Dr Whewell, on Moral Philosophy », 1852, in *Dissertations and Discussions*, t. II.

On Liberty, London, 1859. Trad. fr. DUPONT-WHITE, 1860.

Dissertations and Discussions, London, 1859 à 1875, 4 vol.

Considerations on Representative Government, London, 1861. Trad. fr. DUPONT-WHITE, 1862.

« Utilitarianism », in *Fraser's Magazine*, 1861. En vol. 1863. Trad. fr. LE MONNIER (1883), LEMAIRE (1922), TANESSE (1964).

Auguste Comte and Positivism, London, 1865. Trad. fr. CLEMENCEAU, 1868.

The Subjection of Women, London, 1869. Trad. fr. CAZELLES, 1869.

Autobiography, London, 1873. Trad. fr. CAZELLES sous le titre *Mes Mémoires*, 1874.

Three Essays on Religion, London, 1874. Trad. fr. CAZELLES, 1875.
Essays on Economics and Society (recueil de 28 études économiques et sociales importantes de Mill, rassemblées par J. M. Robson). 2 vol. t. IV et V des *Collected Works*, Toronto, 1967.

II. — CORRESPONDANCE DE J. S. MILL

Très importante pour la connaissance de sa philosophie pratique.

ELLIOT. *The Letters of J. S. Mill*, London, 1910, 2 vol.
MINEKA. « The Earlier Letters of J. S. Mill », 1812 à 1848, in *Collected Works*, London, 1965, 2 vol.
L. LÉVY-BRUHL. *Lettres inédites de J. S. Mill à Auguste Comte*. Introd. par LÉVY-BRÜHL, Paris, 1899.

III. — VIE DE J. S. MILL

Autobiography. V. Œuvres.
HAYEK F. A. *J. S. Mill and Harriet Taylor*, London, 1951.
PACKE R. St JOHN. *The Life of J. S. Mill*, London,1954.

IV. — SUR LA PHILOSOPHIE PRATIQUE DE J. S. MILL

Très peu d'ouvrages français ou en français dignes d'être mentionnés :

BELOT G. « L'Utilitarisme et ses nouveaux critiques », in *Etudes de morale positive*, Paris, 1907.
DEVAUX. *L'Utilitarisme*, Bruxelles, 1955.
HALEVY Elie. *La formation du radicalisme philosophique en Angleterre*, Paris, 1901 à 1904, 3 vol.
HÖFFDING H. *Histoire de la philosophie moderne*.

Trad. fr. Bordier, Paris, 1906, 2 vol., p. 376 à 454 du t. II (3e éd.).
Tanesse G. [*Introduction à*] *L'Utilitarisme*. Trad. fr., Toulouse, 1964, p. 9 à 63.
Thouverez, E. *Stuart Mill*. Paris, 1905.

L'UTILITARISME

CHAPITRE PREMIER

CONSIDÉRATIONS GÉNÉRALES

Le problème moral *.

Parmi les faits dont l'ensemble constitue l'état présent de la connaissance humaine, il en est peu qui répondent aussi mal à notre attente ou qui fassent apparaître plus clairement le retard et la lenteur de la spéculation sur les sujets les plus importants, que le peu de progrès réalisé dans la controverse, toujours indécise, sur le critérium du bien et du mal. Depuis l'origine de la philosophie, la question du « summum bonum [1] », ou, en d'autres termes, du fondement de la morale, a été considérée comme le plus important des problèmes posés à la pensée spéculative; elle a occupé les plus éminents penseurs; et elle les a divisés en sectes et en écoles dressées les unes contre les autres dans une guerre acharnée. Plus de deux mille ans ont passé, et les mêmes discussions continuent; les philosophes sont encore rangés sous les mêmes drapeaux ennemis; et les penseurs de l'humanité en général ne semblent pas plus près de s'entendre sur cette question qu'au temps où le jeune Socrate écoutait le vieux Protagoras (à supposer que le dialogue de Platon lui ait été inspiré par une conversation réelle) et soutenait contre la morale populaire du Sophiste (comme on disait alors) la thèse utilitariste.

* Les sous-titres ont été ajoutés par le traducteur au texte de Mill pour en faciliter l'étude.

Il est vrai qu'on retrouve une confusion et une incertitude analogues, et aussi, dans certains cas, un désaccord analogue, lorsqu'on a affaire aux premiers principes de n'importe quelle science, sans excepter celle qui est considérée comme la plus certaine de toutes : la science mathématique; et que cela n'affaiblit guère, je dirai même, n'affaiblit en rien, d'une façon générale, la confiance qu'inspirent légitimement les conclusions de ces sciences. Cette anomalie apparente s'explique ainsi : les propositions d'une science, dans leur détail, ne sont pas déduites ordinairement de ce qu'on appelle ses premiers principes, et ce n'est pas d'eux que dépend leur évidence. Autrement, il n'y aurait pas de science plus précaire, et moins sûre dans ses conclusions, que l'algèbre; celle-ci ne tire aucunement sa certitude de ce qu'on enseigne habituellement aux élèves comme ses éléments, car, établis par certains des maîtres les plus éminents, ils n'en contiennent pas moins autant de fictions que le droit anglais et de mystères que la théologie. Les vérités admises en dernière analyse comme premiers principes d'une science sont en réalité les derniers résultats de l'analyse métaphysique [2] pratiquée sur les notions élémentaires propres à cette science; et ces principes ne sont pas à la science ce que les fondations sont à l'édifice, mais ce que les racines sont à l'arbre : elles peuvent tout aussi bien remplir leur fonction, alors même que la bêche n'est jamais parvenue jusqu'à elles pour les mettre au jour. Toutefois, alors que, dans la science, les vérités particulières précèdent la théorie générale, on pourrait s'attendre à ce que ce fût l'inverse dans le cas d'un art pratique, tel que la morale ou le droit [3]. Toute action est accomplie en vue d'une fin et les règles de l'action — il semble naturel de l'admettre — reçoivent nécessairement tous leurs caractères, toute leur coloration, de la fin qu'elles servent. Quand nous nous engageons dans une recherche, une idée claire et précise de ce que nous recherchons semblerait devoir être la première chose dont nous ayons besoin et non la dernière à laquelle il nous faille aspirer. Un critérium du bien et du mal doit nécessairement — on pourrait le penser — nous donner le moyen de déterminer avec certitude ce qui est bien ou mal, et ne doit pas résulter de cette certitude déjà acquise.

Critique des morales intuitionnistes [4].

On n'écarte pas la difficulté lorsqu'on a recours à la théorie très répandue d'après laquelle une faculté naturelle, un sens ou un instinct, nous ferait connaître le bien et le mal. Car — outre que l'existence d'un tel instinct moral est elle-même un objet de discussion — ceux qui y croient et se piquent tant soit peu de philosophie ont dû abandonner l'idée qu'il nous fait discerner ce qui est bien ou mal dans les cas particuliers qui s'offrent à nous, comme nos autres sens discernent la lumière * ou le son qui les affectent présentement. Notre faculté morale, d'après tous ceux de ses interprètes qui méritent le titre de penseurs, nous fournit seulement les principes généraux des jugements de moralité [5], relève de notre raison et non de notre faculté de sentir; il faut s'en rapporter à elle pour établir les préceptes abstraits de la moralité, mais non pas pour en fournir la perception in concreto. Car les moralistes de l'école intuitionniste insistent tout autant que ceux de l'école qu'on peut appeler inductive sur la nécessité des lois générales. Les uns et les autres admettent que la moralité d'une action particulière nous est connue, non pas par perception directe, mais par application d'une loi à un cas particulier. Ils reconnaissent aussi, dans une large mesure,

* Le texte anglais, dans toutes les éditions, porte « sight ». Il faut évidemment lire « light ».

les mêmes lois morales; mais ils sont en désaccord sur la question de leur justification et de la source où elles puisent leur autorité. Selon la doctrine intuitionniste, les principes de la morale sont évidents à priori; ils commandent l'assentiment sous la seule condition que l'on saisisse le sens des mots qui les expriment. D'après l'autre doctrine, le bien et le mal, comme le vrai et le faux, sont affaire d'observation et d'expérience. Mais les uns et les autres sont d'accord pour admettre que la morale doit être déduite de principes, et l'école intuitionniste affirme aussi fortement que l'inductive qu'il y a une science de la moralité. Cependant, il est rare qu'elle essaie de dresser une liste des principes à priori qui doivent servir de prémisses à cette science; plus rare encore qu'elle fasse le moindre effort pour ramener ces divers principes à un principe premier ou à un fondement général [*common ground*] de l'obligation. Ou bien elle prend sur elle d'attribuer aux prescriptions courantes de la morale une autorité à priori, ou bien elle donne comme fondement commun à ces maximes quelqu'une de ces généralités dont l'autorité est beaucoup moins manifeste que celle des maximes elles-mêmes et qui n'ont jamais réussi à obtenir l'adhésion générale. Et pourtant, pour que ses prétentions soient soutenables, il faut bien qu'il y ait à la base de toute la morale quelque principe ou loi fondamentale, ou bien, au cas où il y en aurait plusieurs, qu'il y ait entre eux un ordre hiérarchique bien défini; enfin, le principe unique doit être évident par lui-même, tout aussi bien que la règle qui permet de décider entre les divers principes quand ils ne s'accordent pas.

Le principe de l'utilité, reconnu ou non, a exercé une influence profonde sur la formation des croyances et des doctrines morales.

Rechercher dans quelle mesure les fâcheux effets de cette carence ont été atténués dans la pratique, ou jusqu'à quel point les croyances morales de l'humanité ont été altérées ou rendues incertaines par l'absence d'un principe suprême expressément reconnu, entraînerait un examen critique complet de l'enseignement moral dans le passé et dans le présent. Mais il serait facile de montrer que, si ces croyances ont pu acquérir quelque stabilité et quelque cohérence, elles l'ont dû principalement à l'influence tacite d'un principe non reconnu. Sans doute, l'absence d'un premier principe reconnu a fait de la morale moins le guide que la consécration des opinions [sentiments] professées en fait par les hommes; mais comme les opinions des hommes — favorables ou défavorables — sont fortement influencées par ce qu'ils imaginent être l'effet des choses sur leur bonheur, le principe de l'utilité ou, comme Bentham l'a appelé en dernier lieu [6], le principe du plus grand bonheur, a joué un grand rôle dans la formation des idées morales, même chez ceux qui rejettent l'autorité de ce principe avec le plus de mépris. D'ailleurs, il n'est pas une école philosophique qui refuse d'admettre que l'influence des actions sur le bonheur doit être prise en considération très sérieusement, et même avant toute autre chose, dans bien des questions de morale appliquée, quelque répugnance qu'éprouvent certains à reconnaître cette influence comme le principe fondamental de la moralité et la source de l'obligation morale. Je pourrais aller beaucoup plus loin et dire que tous les partisans de la morale à priori, pour peu qu'ils jugent nécessaire de présenter quelque argument, ne peuvent se dispenser d'avoir recours à des arguments utilitaristes. Je ne me propose pas présentement de critiquer ces penseurs; mais je ne puis m'empêcher de renvoyer, à titre d'exemple, à un traité systématique composé par l'un des plus illustres d'entre eux : *La Métaphysique des mœurs*, de Kant. Cet homme remarquable, dont le système marquera longtemps une date dans l'histoire de la spéculation philosophique, pose, dans le traité en question, comme origine et fondement de l'obligation morale, un premier principe de portée universelle, qui est celui-ci : « Agis de telle sorte que la règle selon laquelle tu agis puisse être adoptée comme loi par tous les êtres raisonnables. » Mais entreprend-il de déduire de ce précepte l'une quelconque de nos obligations morales réelles, il échoue d'une façon presque ridicule, impuissant qu'il est à faire apparaître la moindre contradiction, la moindre impossibilité logique (pour ne pas dire physique) dans l'adoption par tous les êtres raisonnables des règles de conduite les plus outrageusement immorales. Tout ce qu'il montre, c'est que les *conséquences* de leur adoption universelle seraient telles que personne ne jugerait bon de s'y exposer [7].

Objet du présent ouvrage.

Pour l'instant, sans pousser plus loin la discussion des autres doctrines, j'essaierai, pour ma part, de faire comprendre et apprécier la doctrine utilitariste ou du bonheur, et de fournir en sa faveur toutes les preuves dont elle est susceptible. Evidemment, il ne peut s'agir de preuves au sens ordinaire et populaire du terme. Les questions relatives aux fins suprêmes ne comportent pas de preuve directe. Pour prouver qu'une chose est bonne, il faut nécessairement montrer que cette chose est le moyen d'en atteindre une autre dont on admet sans preuve qu'elle est bonne. On prouve que l'art médical est bon parce qu'il procure la santé; mais comment est-il possible de prouver que la santé est bonne ? L'art musical est bon, pour cette raison, parmi d'autres, qu'il cause du plaisir; mais quelle preuve donner que le plaisir est bon ? Si donc on affirme qu'il existe une formule d'action très large comprenant toutes les choses bonnes par elles-mêmes, et que toute autre chose bonne l'est comme moyen et non comme fin, la formule peut être acceptée ou rejetée, mais non prouvée, au sens ordinaire du mot. Nous n'allons pourtant pas en conclure que l'acceptation ou le rejet de la formule dépendent nécessairement d'une tendance aveugle ou d'un choix arbitraire. Car il y a un sens plus large du mot preuve; et c'est dans ce sens-là que la formule en question est susceptible de preuve aussi bien que n'importe quelle autre thèse philosophique controversée. Le sujet qui nous occupe est de la compétence de notre raison [*rational faculty*]; et il n'est pas vrai que cette faculté ne puisse le traiter qu'en recourant à l'intuition. On peut offrir à l'intelligence des considérations capables de la déterminer à donner ou à refuser son assentiment à la doctrine; et cela équivaut à prouver.

Nous examinerons bientôt de quelle nature sont ces considérations, comment elles s'appliquent au cas en question, et quels sont, en conséquence, les motifs rationnels qui peuvent être donnés pour justifier l'acceptation ou le rejet de la formule utilitariste. Mais la condition préliminaire d'une acceptation ou d'un rejet fondés en raison est que la formule utilitariste soit exactement comprise. L'idée très imparfaite qu'on se fait ordinairement de sa signification est, je crois, l'obstacle principal qui s'oppose à son adoption; si on pouvait la tirer au clair, ne fût-ce qu'en écartant les méprises les plus grossières, la question serait, à mon avis, grandement simplifiée, et une bonne partie des difficultés qu'elle soulève disparaîtrait. C'est pourquoi, avant d'exposer les raisons philosophiques qu'on peut faire valoir pour justifier l'adhésion au critérium utilitariste, je donnerai quelques éclaircissements sur la doctrine même, pour montrer plus nettement ce qu'elle est, la distinguer de ce qu'elle n'est pas, et éliminer, parmi les objections d'ordre pratique qui lui sont faites, celles qui proviennent des interprétations erronées qu'on en donne ou qui sont étroitement liées à ces interprétations. Ayant ainsi préparé le terrain, je m'efforcerai de répandre autant de lumière que possible sur cette question en la considérant comme un problème philosophique.

CHAPITRE II

CE QUE C'EST QUE L'UTILITARISME

1re objection : L'utilitarisme condamne-t-il le plaisir ?

Une remarque en passant : c'est tout ce que mérite la bévue des ignorants qui supposent qu'en adoptant l'utilité comme critérium du bien et du mal, les utilitaristes donnent à ce mot le sens étroit et propre à la langue familière, qui oppose l'utilité au plaisir. Nous devons nous excuser auprès des adversaires de l'utilitarisme qui sont philosophes d'avoir paru les confondre — ne fût-ce qu'un moment — avec des gens capables d'un si absurde contresens. Contresens d'autant plus extraordinaire que, parmi les autres griefs couramment formulés contre l'utilitarisme, figure l'accusation contraire de tout ramener au plaisir, et même au plaisir sous sa forme la plus grossière. Bien plus, comme un écrivain de talent en a fait la remarque piquante, c'est la même catégorie de personnes, et souvent les mêmes personnes, qui dénoncent l'utilitarisme « comme une théorie qui est impossible à mettre en pratique, en raison de sa sécheresse, quand le mot utilité précède le mot plaisir, et qui n'est que trop praticable, en raison de son caractère sensuel, quand le mot plaisir précède le mot utilité ». Ceux qui sont un peu au courant de la question le savent bien; d'Epicure à Bentham, tous les auteurs qui ont défendu la doctrine de l'utilité ont désigné par ce mot, non pas quelque chose qui dût être opposé au plaisir, mais le plaisir même, en même temps que l'absence de douleur; et, bien loin d'opposer ce qui est utile à ce qui est agréable ou élégant, ils ont toujours déclaré que le mot utile désigne également ces choses-là, parmi d'autres. Et pourtant la grande masse, sans en excepter une masse de gens qui écrivent non pas seulement dans des journaux et des périodiques, mais dans des livres pesants et prétentieux, commet constamment, par légèreté d'esprit, une telle confusion. On attrape au vol le mot « utilitariste », sans en connaître absolument rien que le son et on l'emploie de façon habituelle pour exprimer l'indifférence au plaisir, ou le rejet du plaisir dans quelques-unes de ses formes : du plaisir que peuvent donner la beauté ou l'élégance ou le jeu. D'ailleurs en faisant de ce terme, par ignorance, un usage erroné, ce n'est pas toujours une critique, mais à l'occasion un compliment, que l'on veut faire : être utilitariste, ce serait se montrer supérieur aux esprits frivoles absorbés par les simples plaisirs du moment. Cette signification altérée du mot est la seule qui soit populaire, la seule dont s'inspire la nouvelle génération pour s'en former une idée. Ceux qui, après avoir lancé le mot, avaient cessé de l'employer comme appellation distinctive, ont bien lieu de se croire appelés à le reprendre si, en le faisant, ils peuvent avoir l'espoir de le sauver de ce complet avilissement [a].

L'utilitarisme soutient au contraire que la seule chose désirable comme fin est le bonheur, c'est-à-dire le plaisir et l'absence de douleur.

La doctrine qui donne comme fondement à la morale l'utilité ou le principe du plus grand bonheur, affirme

a. L'auteur de cet essai a des raisons de penser qu'il fut le premier à mettre en circulation le mot « utilitariste » [*utilitarian*]. Ce n'est pas lui qui le créa, il l'emprunta à un passage des

que les actions sont bonnes [*right*] ou sont mauvaises [*wrong*] dans la mesure où elles tendent à accroître le bonheur, ou à produire le contraire du bonheur. Par « bonheur » on entend le plaisir et l'absence de douleur; par « malheur » [*unhappiness*], la douleur et la privation de plaisir. Pour donner une vue claire de la règle morale posée par la doctrine, de plus amples développements sont nécessaires; il s'agit de savoir, en particulier, quel est, pour l'utilitarisme, le contenu des idées de douleur et de plaisir, et dans quelle mesure le débat sur cette question reste ouvert. Mais ces explications supplémentaires n'affectent en aucune façon la conception de la vie sur laquelle est fondée cette théorie de la moralité, à savoir que le plaisir et l'absence de douleur sont les seules choses désirables comme fins, et que toutes les choses désirables (qui sont aussi nombreuses dans le système utilitariste que dans tout autre) sont désirables, soit pour le plaisir qu'elles donnent elles-mêmes, soit comme des moyens de procurer le plaisir et d'éviter la douleur.

2e objection : La conception utilitariste de la vie est-elle basse, vile et égoïste ?

Or, une semblable conception de la vie provoque chez beaucoup de gens — il en est parmi eux qui sont des plus estimables par leurs sentiments et leur ligne de

Annals of the Parish de Mr Galt. Après avoir employé ce mot pendant plusieurs années pour se désigner eux-mêmes, lui et d'autres l'abandonnèrent, répugnant de plus en plus à tout ce qui ressemblait à un signe ou à un mot de passe distinctifs d'une secte. Mais pour désigner une simple opinion limitée à un seul point, et non tout un ensemble d'opinions — pour exprimer le fait qu'on reconnaît l'utilité comme règle, sans vouloir désigner par là telle ou telle façon particulière d'appliquer cette règle — le terme répond à un besoin de la langue et offre, dans bien des cas, un moyen commode d'éviter de fastidieuses circonlocutions [8].

conduite — une profonde répugnance. Admettre que la vie — pour employer leurs expressions — n'a pas de fin plus haute que le plaisir, qu'on ne peut désirer et poursuivre d'objet meilleur et plus noble, c'est, à les en croire, chose absolument basse et vile; c'est une doctrine qui ne convient qu'au porc, auquel, à une époque très reculée, on assimilait avec mépris les disciples d'Epicure; et, à l'occasion, les partisans modernes de la doctrine donnent lieu à des comparaisons tout aussi courtoises de la part de leurs antagonistes allemands, français et anglais.

Ainsi attaqués, les Epicuriens ont toujours répliqué que ce n'est pas eux, mais leurs accusateurs, qui représentent la nature humaine sous un jour dégradant; l'accusation suppose en effet que les êtres humains ne sont pas capables d'éprouver d'autres plaisirs que ceux que peut éprouver le porc. Si cette supposition était fondée, l'imputation mise à leur charge ne pourrait être écartée, mais elle cesserait immédiatement d'impliquer un blâme; car si les sources de plaisir étaient exactement les mêmes pour les êtres humains et pour le porc, la règle de vie qui est assez bonne pour l'un serait assez bonne pour les autres. Si le rapprochement que l'on fait entre la vie épicurienne et celle des bêtes donne le sentiment d'une dégradation, c'est précisément parce que les plaisirs d'une bête ne répondent pas aux conceptions qu'un être humain se fait du bonheur. Les êtres humains ont des facultés plus élevées que les appétits animaux et, lorsqu'ils ont pris conscience de ces facultés, ils n'envisagent plus comme étant le bonheur un état où elles ne trouveraient pas satisfaction. A vrai dire, je ne considère pas que les Epicuriens, dans les conséquences systématiques qu'ils tiraient du principe utilitariste, aient été absolument sans reproche. Pour procéder de façon satisfaisante, il faut incorporer au système beaucoup d'éléments stoïciens aussi bien que chrétiens [9]. Mais on ne connaît pas une seule théorie épicurienne de la vie qui n'assigne aux plaisirs que nous devons à l'intelligence, à la sensibilité [*feelings*], à l'imagination et aux sentiments moraux une bien plus haute valeur comme plaisirs qu'à ceux que procure la pure sensation.

La qualité des plaisirs.

Cependant il faut bien reconnaître que, pour les auteurs utilitaristes en général, si les plaisirs de l'esprit l'emportent sur ceux du corps, c'est surtout parce que les premiers sont plus stables, plus sûrs, moins coûteux, etc. — Ce serait donc en raison de leurs avantages extrinsèques plutôt que de leur nature essentielle. Et, pour tous ces avantages extrinsèques, les utilitaristes ont victorieusement plaidé leur cause; mais ils auraient pu également prendre position sur le second terrain (qui est aussi — on a le droit de le qualifier ainsi — le plus élevé) sans cesser d'être parfaitement d'accord avec eux-mêmes. On peut, sans s'écarter le moins du monde du principe de l'utilité, reconnaître le fait que certaines *espèces* de plaisirs sont plus désirables et plus précieuses [*more valuable*] que d'autres. Alors que dans l'estimation de toutes les autres choses, on tient compte de la qualité aussi bien que de la quantité, il serait absurde d'admettre que dans l'estimation des plaisirs on ne doit tenir compte que de la quantité.

Conditions d'une expérience valable en matière de qualité.

On pourrait me demander : « Qu'entendez-vous par une différence de qualité entre les plaisirs ? Qu'est-ce qui peut rendre un plaisir plus précieux qu'un autre —

en tant que plaisir pur et simple — si ce n'est qu'il est plus grand quantitativement [*greater in amount*] ? » Il n'y a qu'une réponse possible. De deux plaisirs, s'il en est un auquel tous ceux ou presque tous ceux qui ont l'expérience de l'un et de l'autre accordent une préférence bien arrêtée, sans y être poussés par un sentiment d'obligation morale, c'est ce plaisir-là qui est le plus désirable. Si ceux qui sont en état de juger avec compétence de ces deux plaisirs placent l'un d'eux tellement au-dessus de l'autre qu'ils le préfèrent tout en le sachant accompagné d'une plus grande somme d'insatisfaction [*discontent*], s'ils sont décidés à n'y pas renoncer en échange d'une quantité de l'autre plaisir telle qu'il ne puisse pas, pour eux, y en avoir de plus grande, nous sommes fondés à accorder à la jouissance ainsi préférée une supériorité qualitative qui l'emporte tellement sur la quantité, que celle-ci, en comparaison, compte peu [10].

Or, c'est un fait indiscutable que ceux qui ont une égale connaissance des deux genres de vie, qui sont également capables de les apprécier et d'en jouir, donnent résolument une préférence très marquée à celui qui met en œuvre leurs facultés supérieures [*higher*]. Peu de créatures humaines accepteraient d'être changées en animaux inférieurs sur la promesse de la plus large ration de plaisirs de bêtes; aucun être humain intelligent ne consentirait à être un imbécile, aucun homme instruit à être un ignorant, aucun homme ayant du cœur et une conscience à être égoïste et vil, même s'ils avaient la conviction que l'imbécile, l'ignorant ou le gredin sont, avec leurs lots respectifs, plus complètement satisfaits qu'eux-mêmes avec le leur. Ils ne voudraient pas échanger ce qu'ils possèdent de plus qu'eux contre la satisfaction la plus complète de tous les désirs qui leur sont communs. S'ils s'imaginent qu'ils le voudraient, c'est seulement dans des cas d'infortune si extrême que, pour y échapper, ils échangeraient leur sort pour presque n'importe quel autre, si indésirable qu'il fût à leurs propres yeux. Un être pourvu de facultés supérieures demande plus pour être heureux, est probablement exposé à souffrir de façon plus aiguë, et offre certainement à la souffrance plus de points vulnérables qu'un être de type inférieur; mais, en dépit de ces risques, il ne peut jamais souhaiter réellement tomber à un niveau d'existence qu'il sent inférieur. Nous pouvons donner de cette répugnance l'explication qui nous plaira; nous pouvons l'imputer à l'orgueil — nom que l'on donne indistinctement à quelques-uns des sentiments les meilleurs et aussi les pires dont l'humanité soit capable; nous pouvons l'attribuer à l'amour de la liberté et de l'indépendance personnelle, sentiment auquel les stoïciens faisaient appel parce qu'ils y voyaient l'un des moyens les plus efficaces d'inculquer cette répugnance; à l'amour de la puissance, ou à l'amour d'une vie exaltante [*excitement*], sentiments qui tous deux y entrent certainement comme éléments et contribuent à la faire naître; mais, si on veut l'appeler de son vrai nom, c'est un sens de la dignité [*sense of dignity* [11]] que tous les êtres humains possèdent, sous une forme ou sous une autre, et qui correspond — de façon nullement rigoureuse d'ailleurs — au développement de leurs facultés supérieures. Chez ceux qui le possèdent à un haut degré, il apporte au bonheur une contribution si essentielle que, pour eux, rien de ce qui le blesse ne pourrait être plus d'un moment objet de désir.

Il faut distinguer bonheur [happiness] *et satisfaction* [content].

Croire qu'en manifestant une telle préférence on sacrifie quelque chose de son bonheur, croire que l'être supérieur — dans des circonstances qui seraient équivalentes à tous égards pour l'un et pour l'autre [12] — n'est pas plus heureux que l'être inférieur, c'est confondre les deux idées très différentes de bonheur et de satisfaction [*content*]. Incontestablement, l'être dont les facultés de jouissance sont d'ordre inférieur, a les plus grandes chances de les voir pleinement satisfaites; tandis qu'un être d'aspirations élevées sentira toujours que le bonheur qu'il peut viser, quel qu'il soit — le monde étant fait comme il l'est — est un bonheur imparfait [13]. Mais il peut apprendre à supporter ce qu'il y a d'imperfections dans ce bonheur, pour peu que celles-ci soient supportables; et elles ne le rendront pas jaloux d'un être qui, à la vérité, ignore ces imperfections, mais ne les ignore que parce qu'il ne soupçonne aucunement le bien auquel ces imperfections sont attachées. Il vaut mieux être un homme insatisfait [*dissatisfied*] qu'un porc satisfait; il vaut mieux être Socrate insatisfait qu'un imbécile satisfait. Et si l'imbécile ou le porc sont d'un avis différent, c'est qu'ils ne connaissent qu'un côté de la question : le leur. L'autre partie, pour faire la comparaison, connaît les deux côtés.

On peut objecter que bien des gens qui sont capables de goûter les plaisirs supérieurs leur préfèrent à l'occasion, sous l'influence de la tentation, les plaisirs inférieurs. Mais ce choix n'est nullement incompatible avec l'affirmation catégorique de la supériorité intrinsèque des plaisirs supérieurs. Souvent les hommes, par faiblesse de caractère, font élection du bien le plus proche, quoiqu'ils sachent qu'il est le moins précieux; et cela, aussi bien lorsqu'il faut choisir entre deux plaisirs du corps qu'entre un plaisir du corps et un plaisir de l'esprit. Ils recherchent les plaisirs faciles des sens au détriment de leur santé, quoiqu'ils se rendent parfaitement compte que la santé est un bien plus grand. On peut dire encore qu'il ne manque pas de gens qui sont, en débutant dans la vie, animés d'un enthousiasme juvénile pour tout ce qui est noble, et qui tombent, lorsqu'ils prennent de l'âge, dans l'indifférence et l'égoïsme. Mais je ne crois pas que ceux qui subissent cette transformation très commune choisissent volontairement les plaisirs d'espèce inférieure plutôt que les plaisirs supérieurs. Je crois qu'avant de s'adonner exclusivement aux uns, ils étaient déjà devenus incapables de goûter les autres. L'aptitude à éprouver les sentiments nobles est, chez la plupart des hommes, une plante très fragile qui meurt facilement, non seulement sous l'action de forces ennemies, mais aussi par simple manque d'aliments; et, chez la plupart des jeunes gens, elle périt rapidement si les occupations que leur situation leur a imposées et la société dans laquelle elle les a jetés, ne favorisent pas le maintien en activité de cette faculté supérieure. Les hommes perdent leurs aspirations supérieures comme ils perdent leurs goûts intellectuels, parce qu'ils n'ont pas le temps ou l'occasion de les satisfaire; et ils s'adonnent aux plaisirs inférieurs, non parce qu'ils les préfèrent délibérément, mais parce que ces plaisirs sont les seuls qui leur soient accessibles, ou les seuls dont ils soient capables de jouir un peu plus longtemps. On peut se demander si un homme encore capable de goûter également les deux espèces de plaisirs a jamais préféré sciemment et de sang-froid les plaisirs inférieurs; encore que bien des gens, à tout âge, se soient épuisés dans un vain effort pour combiner les uns et les autres.

Le verdict des juges compétents est sans appel, qu'il s'agisse de la qualité ou de la quantité des plaisirs.

De ce verdict prononcé par les seuls juges compétents, je pense qu'on ne peut pas faire appel. Lorsqu'il s'agit de savoir lequel, de deux plaisirs, a le plus de prix [*the best worth*], ou lequel, de deux modes d'existence, donne le plus de satisfaction à la sensibilité [*the most grateful to the feelings*], abstraction faite de ses attributs moraux et de ses conséquences [14], il faut bien tenir pour définitif le jugement des hommes qui sont qualifiés par la connaissance qu'ils ont de l'un et de l'autre, ou, s'ils sont en désaccord, celui de la majorité d'entre eux. Et il y a d'autant moins lieu d'hésiter à accepter ce jugement sur la qualité des plaisirs qu'il n'existe pas d'autre tribunal à consulter, même sur la question de quantité. Quels moyens a-t-on de déterminer quelle est, de deux douleurs, la plus aiguë, ou, de deux sensations de plaisir, la plus intense, sinon le suffrage général de ceux à qui les deux sensations sont familières ? Ni les douleurs ni les plaisirs ne sont homogènes entre eux, et la douleur et le plaisir sont toujours hétérogènes. Qu'est-ce qui peut décider si un plaisir particulier vaut d'être recherché au prix d'une douleur particulière, sinon la sensibilité et le jugement de ceux qui en ont fait l'expérience ? Donc si ces hommes-là, forts de ce sentiment et de ce jugement, déclarent que les plaisirs liés à l'exercice des facultés supérieures sont préférables *spécifiquement*, la question d'intensité mise à part, aux plaisirs dont la nature animale, isolée des facultés supérieures, est capable, leur déclaration, en cette matière, doit être également prise en considération.

L'idéal utilitariste, c'est le bonheur général et non le bonheur personnel.

J'ai insisté sur ce point; parce que, sans cela, on ne pourrait se faire une idée parfaitement juste de l'utilité ou du bonheur, considéré comme la règle directrice de la conduite humaine. Mais ce n'est aucunement une condition indispensable dont devrait dépendre l'adhésion à l'idéal utilitariste, car cet idéal n'est pas le plus grand bonheur de l'agent lui-même, mais la plus grande somme de bonheur totalisé [*altogether*] ; si l'on peut mettre en doute qu'un noble caractère soit toujours plus heureux que les autres en raison de sa noblesse, on ne peut douter qu'il rende les autres plus heureux, et que la société en général en retire un immense bénéfice. L'utilitarisme ne pourrait donc atteindre son but qu'en cultivant universellement la noblesse de caractère, alors même que chaque individu recueillerait seulement le bénéfice de la noblesse des autres, et que sa noblesse personnelle — à ne considérer que son propre bonheur — ne devrait lui procurer aucun bénéfice. Mais la seule énonciation d'une telle absurdité rend superflue toute réfutation.

Selon le principe du plus grand bonheur, tel qu'il vient d'être exposé, la fin dernière par rapport à laquelle et pour laquelle toutes les autres choses sont désirables (que nous considérions notre propre bien ou celui des autres) est une existence aussi exempte que possible de douleurs, aussi riche que possible en jouissances, envisagées du double point de vue de la quantité et de la qualité; et la pierre de touche de la qualité, la règle qui permet de l'apprécier en l'opposant à la quantité [*for measuring it, against quantity*], c'est la préférence affirmée [*felt*] par les hommes qui, en raison des occasions fournies par leur expérience, en raison aussi de l'habitude qu'ils ont de la prise de conscience [*self consciousness*] et de l'introspection [*self observation*] sont le mieux pourvus de moyens de comparaison. Telle est, selon l'opinion utilitariste, la fin de l'activité humaine, et par conséquent aussi, le critérium de la moralité.

Définition de la morale utilitariste.

La morale peut donc être définie comme l'ensemble des règles et des préceptes qui s'appliquent à la conduite humaine et par l'observation desquels une existence telle qu'on vient de la décrire pourrait être assurée, dans la plus large mesure possible, à tous les hommes; et point seulement à eux, mais, autant que la nature des choses le comporte, à tous les êtres sentants de la création.

3e objection : Le bonheur est-il impossible ?

Contre cette doctrine, cependant, se dresse une autre catégorie d'adversaires. Ils disent que, sous aucune forme, le bonheur ne peut être raisonnablement le but de la vie et de l'activité humaines; tout d'abord parce qu'il est inaccessible; puis ils demandent dédaigneusement : « Quel droit as-tu d'être heureux ? » Et Mr Carlyle [15] donne à la question toute sa portée en ajoutant : « Quel droit avais-tu à *l'existence* même, il y a peu de temps encore ? » Ensuite, ils déclarent que les hommes peuvent vivre *sans* bonheur, que tous les nobles caractères l'ont senti et n'auraient pu acquérir leur noblesse s'ils n'avaient appris la leçon d'*Entsagen* ou du renoncement; leçon qui, comprise à fond et mise en pratique, est, à ce qu'ils affirment, le commencement et la condition nécessaire de toute vertu.

La première de ces objections, si elle était bien fondée, toucherait la doctrine jusqu'à sa racine; car, si le bonheur est absolument impossible pour les êtres humains, sa réalisation ne peut être la fin de la moralité ni d'aucune conduite raisonnable.

Cependant, même dans cette hypothèse, on pourrait encore parler en faveur de la doctrine utilitariste, car l'utilité ne comprend pas seulement la poursuite du bonheur, mais aussi la prévention ou l'atténuation du malheur [*unhappiness*]; et si le premier de ces buts était chimérique, le second nous offrirait toute l'étendue d'un champ d'action plus large, répondant à un besoin plus impérieux encore, aussi longtemps du moins que l'humanité jugera à propos de vivre et ne se réfugiera pas dans le suicide collectif [*simultaneous*] que recommandait Novalis [16] dans certains cas.

Le bonheur que nous pouvons espérer.

Mais quand on affirme ainsi, de façon péremptoire, que la vie humaine ne peut être heureuse, l'assertion, si elle n'est pas une sorte de chicane verbale, est pour le moins une exagération. Si l'on désignait par le mot bonheur un état continu d'exaltation [*excitement*] agréable au plus haut degré, ce serait évidemment chose irréalisable. Un état de plaisir exalté dure seulement quelques instants, ou parfois, et avec des interruptions, quelques heures ou quelques jours ; c'est la flambée éclatante et accidentelle de la jouissance, ce n'en est pas le feu permanent et sûr. C'est là une chose dont se sont bien rendu compte, aussi pleinement que ceux qui les gourmandaient, les philosophes qui, dans leur enseignement, ont donné le bonheur pour fin à la vie. La vie heureuse, telle qu'ils l'ont entendue, n'est pas une vie toute de ravissement; elle comprend seulement quelques instants de cette sorte dans une existence faite d'un petit nombre de douleurs passagères, et d'un grand nombre de plaisirs variés, avec une prédominance bien nette de l'actif sur le passif; existence fondée, dans l'ensemble, sur cette idée qu'il ne faut pas attendre de la vie plus qu'elle ne peut donner. Une vie ainsi composée a toujours paru aux êtres fortunés dont elle a été le partage mériter le nom de vie heureuse. Et, même aujourd'hui, une telle existence est le lot d'un grand nombre d'hommes durant une partie considérable de leur vie. La déplorable éducation, les déplorables arrangements sociaux actuels sont le seul obstacle véritable qui s'oppose à ce qu'une telle vie soit à la portée de presque tous les hommes.

Nos contradicteurs doutent peut-être que des êtres humains à qui l'on aurait fait admettre que le bonheur est la fin de la vie veuillent se contenter d'une si modeste part de bonheur. Mais une grande partie de l'humanité s'est contentée de beaucoup moins. Les principaux éléments constitutifs d'une vie répondant à nos désirs semblent se ramener à deux; l'un ou l'autre d'entre eux est souvent même considéré comme suffisant pour mener au but : le calme et l'animation [*excitement*]. Nombre de gens se trouvent contents avec très peu de plaisir, s'ils peuvent avoir beaucoup de calme; nombre d'autres sont capables d'accepter une somme considérable de douleur, s'ils peuvent mener une vie très mouvementée.

Il dépend directement de nous-mêmes pour une part.

Rendre les hommes, et même en très grand nombre, capables d'unir ces deux éléments n'est certes pas chose radicalement impossible; bien loin d'être incompatibles, ils sont au contraire unis par la nature : la prolongation de l'un est une préparation à l'autre, et le fait désirer. Seuls les gens dont l'indolence s'exagère jusqu'au vice n'aspirent pas à l'activité après un intervalle de repos : seuls les gens dont le besoin d'activité est maladif trouvent ennuyeux et insipide le calme qui suit l'activité, au lieu de le trouver agréable en exacte proportion de l'activité qui le précédait. Ceux à qui des conditions d'existence tolérables sont échues en partage, lorsqu'ils ne trouvent pas dans leur vie assez de jouissances pour qu'elle leur devienne précieuse, doivent, le plus souvent, ne s'en prendre qu'à eux-mêmes. Quand on ne s'attache à rien, ni dans la vie publique, ni dans la vie privée, les attraits [*excitement*] que peut offrir l'existence sont bien diminués; en tout cas, ils perdent peu à peu de leur valeur quand approche le moment où tous les intérêts égoïstes doivent disparaître avec la mort; au contraire, lorsqu'on laisse après soi des êtres qui sont l'objet d'un attachement personnel et surtout lorsqu'on a en même temps entretenu en soi une sympathie fraternelle pour les intérêts collectifs de l'humanité, la vie intéresse aussi vivement à la veille de la mort que dans la pleine vigueur de la jeunesse et de la santé. Quand la vie ne donne pas satisfaction, c'est, immédiatement après l'égoïsme, à l'absence de culture qu'il faut l'attribuer. Un esprit cultivé — et je n'entends pas par là celui du philosophe, mais tout esprit qui a pu puiser aux sources de la connaissance et qu'on a suffisamment habitué à exercer ses facultés — trouve des sources inépuisables d'intérêt dans tout ce qui l'entoure : dans les choses de la nature, les œuvres d'art, les créations de la poésie, les événements de l'histoire, les voies suivies par l'humanité dans le passé et dans le présent et les perspectives ainsi ouvertes sur l'avenir. A la vérité, il est possible qu'on devienne indifférent à toutes ces choses, et cela sans en avoir épuisé même la millième partie; mais c'est qu'on n'y avait jamais attaché aucun intérêt moral ou humain et qu'on n'y avait cherché qu'un moyen de satisfaire sa curiosité.

Il dépend, pour une autre part, de l'éducation que nous recevons et des progrès réalisés par l'humanité, soit dans l'organisation des sociétés, soit dans sa lutte contre les fléaux naturels.

Or, un degré de culture qui permettrait de porter un intérêt intelligent à ces objets de méditation pourrait être l'héritage de tout être né dans un pays civilisé : il n'y a absolument rien dans la nature des choses qui s'y oppose. Ce n'est pas non plus une nécessité naturelle qu'un être humain soit un égoïste fieffé, dépourvu de toute préoccupation et de tout sentiment qui ne soient pas orientés vers sa misérable individualité. Même de nos jours, il arrive que l'humanité s'élève bien au-dessus de ce niveau, et assez fréquemment pour que nous ayons le gage certain de ce qu'elle peut devenir. Tout être humain convenablement élevé est capable, à différents degrés cependant, d'affections privées sincères et d'un réel attachement au bien public. Dans un monde où l'on trouve tant de choses intéressantes, tant de choses agréables, et tant de choses aussi à corriger et à améliorer, tout homme, à condition qu'il réunisse, à un degré moyen, ces conditions morales et intellectuelles, peut mener une existence qu'il est permis d'appeler enviable; et, à moins qu'un tel homme, par l'effet de mauvaises lois, ou parce qu'il est soumis au bon plaisir d'autres hommes, se voie refuser la liberté de puiser aux sources de bonheur qui seraient à sa portée, cette existence enviable ne peut manquer de lui être réservée, s'il échappe aux malheurs accablants de la vie, aux principales sources de souffrances physiques et morales : la misère, par exemple, ou la maladie, et aussi la dureté, l'indignité ou la disparition prématurée de ceux qu'il aime. Le nœud du problème, c'est la lutte contre ces fléaux auxquels on a rarement la bonne fortune d'échapper entièrement, que l'on ne peut pas prévenir, et souvent que l'on ne peut pas atténuer beaucoup, dans l'état actuel des choses. Et cependant, parmi les gens dont l'opinion mérite un moment de considération, il n'est personne qui puisse en douter : la plupart des malheurs accablants de la vie humaine sont, en eux-mêmes, évitables, et si, dans les affaires de l'humanité, le progrès continue, ils seront finalement contenus dans d'étroites limites. La pauvreté, qui engendre la souffrance, en quelque sens qu'on l'entende, pourrait être entièrement supprimée par la sagesse de la société, unie au bon sens et à la prévoyance des individus. La malfaisance du plus intraitable même de nos ennemis — la maladie — pourrait être réduite en étendue jusqu'à l'infini par une bonne éducation physique et morale et par un contrôle approprié des influences pernicieuses; et le progrès de la science nous permet pour l'avenir des victoires encore plus directes sur ce détestable adversaire. Toute avance réalisée dans cette direction écarte de nous quelques-uns des accidents qui abrègent brusquement notre propre existence, ou, ce qui nous importe encore davantage, nous enlèvent les êtres sur lesquels nous avions fondé notre bonheur. Quant aux vicissitudes de la fortune et aux autres déceptions liées à des circonstances extérieures, elles sont dues surtout à de graves imprudences, à des désirs mal réglés, ou encore à des institutions sociales mauvaises ou imparfaites. Bref, toutes les grandes causes de souffrances humaines pourraient être dans une large mesure, et, pour beaucoup d'entre elles, presque entièrement, maîtrisées par les soins et l'effort humains. Assurément le progrès dans ce sens est cruellement lent, assurément une longue suite de générations périront sur la brèche avant que la victoire soit complète et que ce monde soit ce qu'il pourrait si facilement devenir si la volonté et le savoir ne faisaient pas défaut; n'importe : l'homme assez intelligent et assez généreux pour prendre une part — si modeste et si obscure soit-elle — dans cet effort, trouvera une noble jouissance dans cette lutte même; et il ne consentirait pas à l'abandonner pour céder à la séduction des satisfactions égoïstes.

4e objection : L'utilitarisme n'exclut-il pas le sacrifice de soi-même ?

Ceci nous conduit à une juste appréciation de l'objection qui nous est faite concernant la possibilité et l'obligation d'apprendre à vivre sans bonheur. Incontestablement, il est possible de vivre sans bonheur, c'est ce que font involontairement les dix-neuf vingtièmes de l'humanité, même dans les parties du monde actuel qui sont le moins plongées dans la barbarie : et c'est ce que sont souvent appelés à faire volontairement le héros ou le martyr, pour l'amour d'un idéal qu'ils placent au-dessus de leur bonheur personnel.

Le sacrifice n'a de valeur morale que s'il a pour objet le bonheur d'autrui.

Mais qu'est-ce que cet idéal, sinon le bonheur des autres ou quelques-unes des conditions du bonheur ? C'est une noble chose que d'être capable de renoncer entièrement à sa part de bonheur ou aux chances de l'atteindre; mais, en fin de compte, il faut bien que ce sacrifice de soi-même soit fait en vue d'une fin : il n'est pas sa fin à lui-même; et si l'on nous dit que sa fin n'est pas le bonheur, mais la vertu, qui vaut mieux que le bonheur, je demande alors ceci : le héros ou le martyr accompliraient-ils ce sacrifice s'ils ne croyaient pas qu'il dût épargner à d'autres des sacrifices du même genre ? L'accompliraient-ils s'ils pensaient que leur renonciation au bonheur pour eux-mêmes ne dût avoir d'autre résultat pour leurs semblables que de leur faire partager le même sort et de les placer eux aussi dans la condition de gens qui ont renoncé au bonheur ? Honneur à ceux qui sont capables de renoncer pour eux-mêmes aux jouissances personnelles que donne la vie, quand ils contribuent précieusement par un tel renoncement à accroître la somme du bonheur dans le monde ! Mais celui qui le fait, ou proclame qu'il le fait, pour n'importe quelle autre fin, ne mérite pas plus d'être admiré que l'ascète sur sa colonne [17]. Il fournit peut-être le témoignage encourageant de ce que les hommes *peuvent* faire, mais non pas assurément le modèle de ce qu'ils *devraient* faire.

Dans l'état imparfait de nos arrangements sociaux, la disposition à se sacrifier aux autres est la plus haute vertu.

Sans doute, c'est seulement l'état très imparfait des arrangements sociaux qui fait que le meilleur moyen de contribuer au bonheur des autres peut être le sacrifice absolu du bonheur personnel; cependant, tant que le monde se trouve dans cet état imparfait, la disposition à accomplir un tel sacrifice — j'en suis tout à fait d'accord — est la plus haute vertu que l'on puisse trouver chez un homme. J'ajouterai même — si paradoxale que l'assertion puisse paraître — que, dans la condition actuelle du monde, c'est la conscience de pouvoir vivre sans bonheur qui nous donne l'espoir le plus assuré de réaliser le bonheur qu'il est possible d'atteindre. Car seule cette conscience peut élever l'homme au-dessus des hasards de la vie en lui faisant sentir que la destinée et la fortune, dussent-elles le soumettre aux pires épreuves, n'ont pas le pouvoir de l'asservir; un tel sentiment le libère de l'anxiété excessive que pourraient lui causer les maux de la vie; il le rend capable — comme il l'a fait pour bien des stoïciens aux plus mauvais jours de l'Empire romain — de goûter à leur source en toute tranquillité les satisfactions qui lui sont accessibles, sans s'inquiéter, ni de leur durée incertaine, ni de leur fin inévitable.

En attendant, les utilitaristes ne doivent cesser de revendiquer la morale du dévouement personnel comme une propriété qui leur appartient à aussi bon droit qu'au stoïcien ou au transcendantaliste [18]. Oui, la morale utilitariste reconnaît à l'être humain le pouvoir de faire, pour le bien des autres, le plus large sacrifice de son bien propre. Elle refuse seulement d'admettre que le sacrifice soit en lui-même un bien. Un sacrifice qui n'accroît pas ou ne tend pas à accroître la somme totale de bonheur, elle le considère comme un sacrifice perdu. La seule renonciation qu'elle approuve, c'est le dévouement au bonheur d'autrui ou à ce qui peut en être la condition, qu'il s'agisse de l'humanité prise collectivement, ou d'individus dans les limites imposées par les intérêts collectifs de l'humanité [19].

Il me faut encore répéter ce que les adversaires de l'utilitarisme ont rarement la justice de reconnaître : le bonheur que les utilitaristes ont adopté comme critérium de la moralité de la conduite n'est pas le bonheur personnel de l'agent, mais celui de tous les intéressés. Ainsi, entre son propre bonheur et celui des autres, l'utilitarisme exige de l'individu qu'il soit aussi rigoureusement impartial qu'un spectateur désintéressé et bienveillant. Dans la règle d'or de Jésus de Nazareth [20], nous retrouvons [*read*] tout l'esprit de la morale de l'utilité. Faire ce que nous voudrions que l'on nous fît, aimer notre prochain comme nous-mêmes : voilà qui constitue la perfection idéale de la moralité utilitariste.

Mais le progrès des institutions sociales et de l'éducation doit finir par ôter au sacrifice toute raison d'être.

Pour nous rapprocher de cet idéal autant qu'il est possible, l'utilitarisme prescrirait les moyens qui suivent. En premier lieu, les lois et les arrangements sociaux devraient mettre autant que possible le bonheur ou (comme on pourrait l'appeler dans la vie courante) l'intérêt de chaque individu en harmonie avec l'intérêt de la société. En second lieu, l'éducation et l'opinion, qui ont un si grand pouvoir sur le caractère des hommes, devraient user de ce pouvoir pour créer dans l'esprit de chaque individu une association indissoluble entre son bonheur personnel et le bien de la société, et tout particulièrement entre son bonheur personnel et la pratique des conduites négatives et positives que prescrit le souci du bonheur universel; ainsi, non seulement l'individu pourrait devenir incapable d'accorder dans son esprit avec la possibilité du bonheur pour lui-même l'adoption d'une conduite contraire au bien général, mais encore une tendance directe à promouvoir le bien général pourrait devenir un de ses motifs habituels d'action, et les sentiments liés à cette tendance pourraient occuper une large place, une place dominante, dans la vie consciente de tous les êtres humains. Si les adversaires de la morale utilitariste se la représentaient ainsi, telle qu'elle est réellement, je ne vois vraiment pas, parmi les titres de recommandation que possèdent les autres morales, quel est celui qu'ils pourraient refuser à celle-ci; ni quels développements plus beaux ou plus hauts de la nature humaine un autre système moral peut bien, selon eux, favoriser; ni sur quels ressorts d'action interdits aux utilitaristes les autres systèmes comptent, pour assurer la mise en pratique de leurs préceptes.

5e objection : L'idéal utilitariste est-il trop élevé pour l'humanité ?

On ne peut cependant pas toujours accuser les adversaires de l'utilitarisme de le représenter sous un jour défavorable. Au contraire, ceux d'entre eux qui ont une idée à peu près juste de son caractère désintéressé reprochent parfois à son idéal d'être trop élevé pour l'humanité. C'est, d'après eux, trop exiger que de vouloir que les gens soient toujours déterminés dans leur conduite par le désir de promouvoir les intérêts de la société. Mais c'est là se méprendre sur ce que peut exactement signifier un principe moral et c'est aussi confondre la règle et le motif de l'action.

Règle et motif.

C'est affaire à la morale de nous dire quels sont nos devoirs, ou quel est le critérium qui nous permet de les reconnaître; mais aucun système de morale n'exige que le seul motif de tous nos actes soit le sentiment du devoir : au contraire, nos actes, dans la proportion de quatre-vingt-dix-neuf sur cent, sont accomplis pour d'autres motifs, et, tout de même, sont des actes moraux si la règle du devoir ne les condamne pas. Il est particulièrement injuste de fonder sur cette singulière méprise une objection contre l'utilitarisme. Car les utilitaristes, allant plus loin que la plupart des autres moralistes, ont affirmé que le motif n'a rien à voir avec la moralité [*morality*] de l'action quoiqu'il intéresse beaucoup la valeur [*worth*] de l'agent. Celui qui sauve un de ses semblables en danger de se noyer accomplit une action moralement bonne, que son motif d'action soit le devoir ou l'espoir d'être payé de sa peine; celui qui trahit l'ami qui a placé sa confiance en lui se rend coupable d'un méfait, même s'il se propose de rendre service à un autre ami envers lequel il a de plus grandes obligations qu'envers le premier [a].

C'est dans un cadre restreint qu'il faut le plus souvent appliquer le principe d'utilité.

Mais tenons-nous-en aux actes ayant le devoir pour motif et accomplis par obéissance directe à un principe. On méconnaît la pensée des utilitaristes quand on

a. [Un adversaire, dont on a plaisir à reconnaître la loyauté intellectuelle et morale (le Rév. J. Llewellyn Davies [21]) s'est élevé contre ce passage en disant : « Indubitablement la moralité ou l'immoralité de l'acte qu'on accomplit en sauvant un homme qui se noie dépend beaucoup du motif qui le détermine. Imaginons un tyran dont l'ennemi s'est jeté à la mer pour lui échapper et qui le sauve, alors qu'il va se noyer, simplement pour pouvoir lui infliger des tortures plus raffinées. Nous éclairerait-on beaucoup en qualifiant ce sauvetage d' « action moralement bonne » ? Ou bien imaginons encore, pour prendre l'un des exemples classiques des traités de morale, qu'un homme trahisse la confiance d'un ami qui lui a remis un dépôt, dans la pensée que la restitution de ce dépôt porterait fatalement préjudice à cet ami lui-même ou à quelqu'un de ses proches. L'utilitarisme voudrait-il nous obliger à appeler cette trahison « un méfait » comme si elle avait été déterminée par le motif le plus méprisable ? »

Je fais observer que l'homme qui en sauve un autre en danger de se noyer, pour le torturer et le tuer ensuite, ne diffère pas seulement par le motif de celui qui accomplit le même acte par devoir ou générosité; l'acte lui-même est différent. Le sauvetage de l'homme, dans le cas envisagé, n'est que le début d'un acte beaucoup plus atroce que celui qu'on aurait accompli en le laissant se noyer. Si Mr Davies avait dit : « La moralité ou l'immoralité du sauvetage d'un homme en danger de se noyer dépend beaucoup, non du motif, mais de *l'intention* », aucun utilitariste n'eût été en désaccord avec lui. Mr Davies, par suite d'une méprise qui est trop commune pour ne pas être tout à fait pardonnable, a confondu, dans ce cas, les idées très différentes de motif et d'intention. Il n'y a pas de question que les penseurs utilitaristes (et Bentham [22] plus qu'aucun autre) aient plus travaillé à éclaircir que celle-là. La moralité de l'action est intimement liée à l'intention, c'est-à-dire à ce que *veut faire* suppose que les gens, selon cette doctrine, devraient fixer leur esprit sur une idée aussi générale que celle du genre humain ou de la société au sens large du mot. La grande majorité des bonnes actions tendent non pas au bien universel, mais au bien d'individus déterminés et c'est de ces biens particuliers qu'est composé le bien du genre humain; et la pensée de l'homme le plus vertueux n'a nul besoin, en ces occasions, de dépasser les personnes déterminées en cause, sinon dans la mesure nécessaire pour s'assurer qu'en leur faisant du bien on ne viole les droits, c'est-à-dire l'attente légitime et justifiée, d'aucune autre. Etre vertueux, selon la morale utilitariste, c'est se proposer d'accroître le nombre des heureux : mais, réserve faite pour une personne sur mille, les occasions dans lesquelles on a le pouvoir de le faire sur une grande échelle, en d'autres termes, d'être un bienfaiteur public, sont exceptionnelles; et, c'est dans ces occasions seulement qu'on est appelé à envisager l'utilité publique; dans tous les autres cas, l'utilité privée, l'intérêt ou le bonheur d'un petit nombre de personnes sont tout ce qui doit retenir l'attention. Seuls, les hommes dont les actes exercent une influence sur la société dans son ensemble ont besoin de se préoccuper habituellement d'un objet si vaste. A la vérité, dans les cas où on se retient d'agir — lorsqu'il s'agit de choses que l'on s'abstient de faire en raison de considérations morales, quoique les conséquences dans

l'agent. Mais le motif, c'est-à-dire le sentiment qui le pousse à vouloir agir ainsi, lorsque ce sentiment ne change rien à l'acte, ne change rien à sa moralité. Il modifie cependant beaucoup le jugement moral que nous portons sur l'argent, particulièrement lorsqu'il révèle une *disposition* habituelle bonne ou mauvaise, un penchant, qui engendrera probablement des actes utiles ou nuisibles * [23].]

* Texte de la 4e édition. Cette note ne figure naturellement pas dans la 1re.

le cas particulier puissent être avantageuses — il serait indigne d'un agent intelligent de ne pas comprendre que les actes de cette catégorie, si la pratique en était universelle, seraient universellement nuisibles et que c'est cela qui fonde l'obligation de s'en abstenir. Mais, pour s'en rendre compte, il n'est pas besoin d'une considération plus étendue de l'intérêt public que celle qu'exige n'importe quel système de morale, car tous prescrivent de s'abstenir de tout acte manifestement nuisible à la société [24].

6e objection : Est-il vrai que les utilitaristes jugent froidement les actes sans s'intéresser à l'agent ?

Par les mêmes considérations, on peut faire justice d'un autre reproche adressé à l'utilitarisme et qui repose sur une méconnaissance plus grossière encore du but qu'on vise en posant un idéal moral et du sens exact des mots bien et mal [*right and wrong*]. On affirme souvent que l'utilitarisme rend les hommes froids et peu compatissants; qu'il glace leurs sentiments moraux à l'égard des individus; qu'il les habitue à considérer uniquement, de façon sèche et dure, les conséquences des actes, et à ne pas comprendre, dans leurs appréciations morales, les qualités qui ont inspiré ces actions. Veut-on dire par là que, selon la doctrine utilitariste, le jugement sur la moralité ou l'immoralité d'une action ne doit pas être influencé par l'opinion qu'on a des qualités de la personne qui l'accomplit ? On formule alors un grief qui ne porte pas spécialement contre l'utilitarisme, mais contre le fait d'avoir un idéal moral, quel qu'il soit; car il n'y a certainement aucun idéal moral connu au nom duquel on puisse décider qu'une action est bonne [*good*] ou mauvaise [*bad*] parce qu'elle est accomplie par un homme bon [*good*] ou mauvais [*bad*], encore moins par un homme qui est aimable, brave ou bienveillant, ou tout l'opposé. De tels éloges concernent, non les actes, mais les personnes; au reste, dans la théorie utilitariste, il n'y a rien qui nous interdise de reconnaître qu'en fait les personnes nous intéressent par autre chose encore que la moralité ou l'immoralité de leurs actions. A la vérité, les stoïciens, avec leur façon paradoxale et abusive de s'exprimer — qui est inhérente à leur système — ont essayé, à la faveur de ce langage, de s'élever au-dessus de toute préoccupation autre que celle de la vertu, et se sont complu à déclarer que celui qui possède la vertu possède tout; qu'il est riche, qu'il est beau, qu'il est roi, et lui seulement. Mais la doctrine utilitariste ne revendique nullement pour l'homme vertueux le bénéfice de ces affirmations. Les utilitaristes se rendent parfaitement compte qu'il existe en dehors de la vertu d'autres biens et d'autres qualités qui sont désirables; de tous ils sont parfaitement disposés à reconnaître la pleine valeur [*worth*]. Ils se rendent compte aussi qu'une action morale n'est pas nécessairement l'indice d'un caractère vertueux et que des actions blâmables procèdent souvent de qualités qui ont droit à l'estime. Lorsqu'il leur apparaît qu'il en est ainsi dans un cas particulier, leur appréciation se trouve modifiée, non pas, à coup sûr, à l'égard de l'acte, mais à l'égard de l'agent. Toutefois, je le reconnais, selon les utilitaristes, ce sont les bonnes actions qui fournissent à la longue la meilleure preuve d'un bon caractère; et ils se refusent résolument à considérer comme bon un caractère où prédominerait la tendance à se conduire mal. Cela les rend impopulaires aux yeux de bien des gens; mais c'est une impopularité qu'ils partagent inévitablement avec tous ceux qui veulent sérieusement tirer au clair la distinction du bien et du mal; et le reproche n'est pas de ceux qu'un utilitariste consciencieux tienne beaucoup à repousser.

Si, en formulant cette objection, on veut simplement dire que beaucoup d'utilitaristes se préoccupent trop exclusivement de la moralité des actes, appréciée selon la règle utilitariste, et n'attachent pas une importance suffisante aux autres beaux traits de caractère qui tendent à rendre un être humain aimable ou admirable, l'objection est recevable. Certains utilitaristes, qui ont développé leurs sentiments moraux, mais non leurs sentiments sympathiques ni leurs connaissances artistiques, tombent à coup sûr dans cette erreur; mais y tombent également tous les autres moralistes qui se sont placés dans les mêmes conditions. L'excuse qu'on peut faire valoir en faveur des autres moralistes est également valable pour les utilitaristes : à savoir que, si l'on doit commettre une erreur, il vaut mieux que ce soit dans ce sens. Nous pouvons affirmer comme un fait positif que, parmi les utilitaristes aussi bien que parmi les partisans des autres systèmes, on trouve tous les degrés imaginables de rigueur et de relâchement dans l'application de la règle qu'ils ont adoptée : quelques-uns montrent une rigueur de puritains, tandis que d'autres sont aussi indulgents que peuvent le désirer les pécheurs ou les cœurs sensibles. Mais, après tout, une doctrine qui s'attache autant que la nôtre à faire passer au premier plan l'intérêt qu'a l'humanité à réprimer et à prévenir toute conduite qui viole la loi morale ne doit apparemment se montrer inférieure à aucune autre s'il s'agit de diriger les sanctions de l'opinion contre de telles violations. La question : « Qu'est-ce qui est une violation de la loi morale ? » est, il est vrai, l'une de celles sur lesquelles les personnes attachées à des principes moraux différents se trouveront sans doute parfois en désaccord. Mais les divergences d'opinion sur les questions morales n'ont pas été pour la première fois introduites dans le monde par l'utilitarisme; et justement cette doctrine fournit à coup sûr un moyen, sinon toujours facile, en tout cas tangible et intelligible, de décider entre ces opinions divergentes [25].

Il peut n'être pas inutile de noter quelques erreurs fréquemment commises au sujet de la morale utilitariste, sans excepter même celles qui sont si patentes et si grossières qu'il pourrait sembler impossible qu'une personne sincère et intelligente les commît; car des personnes, même très bien douées intellectuellement, se donnent si peu de peine pour comprendre la portée d'une opinion à l'égard de laquelle elles entretiennent un préjugé défavorable, et les hommes, dans l'ensemble, se rendent si peu compte que cette ignorance volontaire est un défaut, que l'interprétation des doctrines morales donne lieu continuellement, dans des ouvrages écrits à tête reposée par des auteurs qui se piquent de grands principes en même temps que de philosophie, aux plus grossières méprises.

7e objection : L'utilitarisme est-il une morale sans Dieu ?

Il n'est pas rare d'entendre fulminer contre la doctrine utilitariste, qui serait, dit-on, une doctrine *sans Dieu*. S'il était nécessaire de répondre quoi que ce soit à ce qui n'est qu'une affirmation gratuite [*assumption*] nous pourrions dire que le problème est lié à l'idée que nous nous sommes faite du caractère moral de la Divinité. Si l'on est fondé à croire que Dieu désire par-dessus tout le bonheur de Ses créatures et qu'en les créant Il s'est proposé ce but, l'utilitarisme, bien loin d'être une doctrine sans Dieu, est une doctrine plus profondément religieuse que toute autre [26]. Si l'on veut dire que l'utilitarisme ne reconnaît pas la volonté révélée de Dieu comme la loi suprême de la morale, je réponds qu'un utilitariste qui croit à la bonté et à la sagesse parfaites de Dieu croit nécessairement que tout ce que Dieu a jugé à propos de révéler en matière de morale ne peut que satisfaire au plus haut degré aux exigences du principe de l'utilité. Mais selon d'autres — ne parlons pas des utilitaristes — la révélation chrétienne a eu pour objet — et est appropriée à cet objet — d'animer de son esprit l'intelligence et le cœur des hommes, qui deviendraient ainsi capables de découvrir pour eux-mêmes ce qui est bien et seraient inclinés à le faire après l'avoir découvert plutôt que de leur faire connaître — sinon d'une façon très générale — où est le bien; en sorte qu'il nous faudrait une doctrine morale sérieuse et complète pour nous fournir une *interprétation* de la volonté de Dieu. Cette opinion est-elle juste ou non ? Il est inutile d'en discuter ici; car l'aide — quelle qu'elle soit — que la religion, naturelle ou révélée, peut offrir à l'investigation morale est à la disposition du moraliste utilitariste aussi bien que de n'importe quel autre moraliste. Il peut en faire usage pour corroborer par le témoignage de Dieu l'affirmation qu'une conduite donnée est utile ou malfaisante, du même droit que d'autres peuvent en user pour y trouver le chemin d'une loi transcendante n'ayant rien à voir avec l'utilité ou avec le bonheur.

8e objection : L'utilitarisme est-il une morale de l'« intérêt » ?

Souvent encore, on dénonce sommairement l'immoralité de l'utilitarisme et on le stigmatise en l'appelant morale de l'intérêt [*expediency*] et en prenant avantage de l'usage populaire de ce terme pour l'opposer à une morale fondée sur des principes. Mais le mot « expédient » [*expedient*] dans le sens où on l'emploie pour l'opposer au mot « moral » [*right*], qualifie généralement quelque action qui est expédiente pour l'intérêt particulier de l'agent lui-même : ainsi lorsqu'un ministre sacrifie les intérêts de son pays pour conserver sa situation. Quand le terme est employé dans un sens plus relevé, il qualifie une action qui est expédiente pour un objet immédiat, pour une fin momentanée, mais qui viole une règle dont l'observation est expédiente à un bien plus haut degré.

Distinction de l'utile [useful] *et de l'expédient* [expedient].

L'expédient, entendu dans ce sens, bien loin de se confondre avec l'utile [*useful*], est une espèce du nuisible [*hurtful*]. Ainsi, il serait souvent expédient, pour se tirer de quelque embarras momentané ou atteindre quelque objet immédiatement utile à soi-même ou à autrui, de dire un mensonge. Mais la culture en nous-mêmes d'une sensibilité chatouilleuse en matière de véracité est l'une des choses les plus utiles, l'affaiblissement de cette sensibilité l'une des plus nuisibles, que nous puissions donner comme fin à notre conduite; en s'écartant, même sans le vouloir, de la vérité, on contribue beaucoup à diminuer la confiance que peut inspirer la parole humaine, et cette confiance est le fondement principal de notre bien-être social actuel; disons même qu'il ne peut rien y avoir qui entrave davantage les progrès de la civilisation, de la vertu, de toutes les choses dont le bonheur humain dépend pour la plus large part, que l'insuffisante solidité d'une telle confiance. C'est pourquoi, nous le sentons bien, la violation, pour un avantage présent, d'une règle dont l'intérêt [*expediency*] est tellement supérieur [*transcendent*] n'est pas expédiente; c'est pourquoi celui qui, pour sa commodité personnelle ou celle d'autres individus, accomplit, sans y être forcé, un acte capable d'influer sur la confiance réciproque que les hommes peuvent accorder à leur parole, les privant ainsi du bien que représente l'accroissement de cette confiance, et leur infligeant le mal que représente son affaiblissement, se comporte comme l'un de leurs pires ennemis. Cependant c'est un fait reconnu par tous les moralistes que cette règle même, aussi sacrée qu'elle soit, peut comporter des exceptions : ainsi — et c'est la principale — dans le cas où, pour préserver quelqu'un (et surtout un autre que soi-même) d'un grand malheur immérité, il faudrait dissimuler un fait (par exemple une information à un malfaiteur ou de mauvaises nouvelles à une personne dangereusement malade) et qu'on ne pût le faire qu'en niant le fait. Mais pour que l'exception ne soit pas élargie plus qu'il n'en est besoin et affaiblisse le moins possible la confiance en matière de véracité, il faut savoir la reconnaître et, si possible, en marquer les limites; et si le principe utilitariste est bon à quelque chose, il doit nous permettre de peser ces utilités en conflit, d'en faire la balance et de bien déterminer le domaine dans lequel l'une ou l'autre a la prépondérance.

9e objection : Avons-nous le temps, avant d'agir, de calculer les effets de notre conduite sur le bonheur général ?

Les défenseurs de l'utilitarisme se trouvent encore appelés, bien souvent, à répondre à des objections du genre de celle-ci : on n'a pas le temps, avant d'agir, de calculer et de peser les effets d'une ligne de conduite sur le bonheur général. C'est exactement comme si l'on devait dire qu'il nous est impossible de diriger notre conduite selon les principes chrétiens, parce que nous n'avons pas le temps, chaque fois qu'il nous faut agir, de lire d'un bout à l'autre l'Ancien et le Nouveau Testament. A cette objection on peut répondre qu'on a eu largement le temps, puisqu'on a eu un temps égal à tout le passé de l'espèce humaine.

Les règles de la morale courante sont nées des expériences séculaires de l'humanité en matière de bonheur.

Durant tout ce temps, les hommes ont appris à connaître par l'expérience les effets à attendre [*tendencies*] de leurs actes; et c'est de cette expérience que dépendent toute la prudence, et aussi toute la moralité de la vie. On parle comme si le début de cette série d'expériences avait été différé jusqu'au moment actuel et comme si, lorsqu'un homme se sent tenté de toucher à la propriété ou à la vie d'autrui, il devait commencer à se demander pour la première fois si le meurtre et le vol sont préjudiciables au bonheur humain. Même dans ces conditions, je ne pense pas qu'il trouverait la question très embarrassante; mais, en tout cas, la chose est réglée aujourd'hui et à la portée de sa main. Il serait vraiment bizarre de supposer que les hommes, après s'être mis d'accord pour admettre que l'utilité est la pierre de touche de la moralité, n'arriveraient pas à s'accorder sur ce qui *est* utile et ne prendraient aucune mesure pour que les notions concernant ces choses soient inculquées à la jeunesse et fortifiées par les lois et l'opinion. Il n'est nullement difficile de prouver qu'un principe moral quelconque joue mal si l'on suppose qu'il coexiste avec une sottise universelle; mais dans toute autre hypothèse moins excessive, nécessairement il faut admettre que les hommes ont acquis maintenant des croyances fermes concernant les effets de certaines actions sur leur bonheur; et les croyances qui sont ainsi parvenues jusqu'à nous sont les règles de la moralité pour la foule, et aussi pour le philosophe, jusqu'à ce qu'il ait réussi à en trouver de meilleures [27]. Que ce soit chose facile pour les philosophes, même actuellement et sur bien des points; que le code de morale reçu ne soit en aucune façon de droit divin; et que l'humanité ait encore beaucoup à apprendre au sujet des effets qu'ont les actions sur le bonheur général, je l'admets, ou plutôt je le soutiens résolument. Les corollaires du principe de l'utilité, comme les préceptes de tous les arts pratiques, sont susceptibles d'un progrès indéfini, et, lorsque l'esprit humain est en progrès, ces perfectionnements sont incessants. Mais considérer les règles de la moralité comme perfectibles est une chose; négliger entièrement les généralisations intermédiaires, et s'efforcer d'apprécier chaque action particulière en se référant directement au premier principe en est une autre. Imaginer que la reconnaissance d'un premier principe est incompatible avec l'admission de principes secondaires est une étrange opinion. Faire connaître à un voyageur où se trouve le but final de son voyage, ce n'est pas lui interdire d'avoir recours aux bornes et aux poteaux indicateurs qui se trouvent sur son chemin. En affirmant que le bonheur est la fin et le but de la moralité, on ne veut pas dire qu'il ne faut tracer aucune route qui permette d'arriver au terme du voyage, ou que les personnes qui s'y rendent ne doivent pas être averties qu'il faut prendre une direction plutôt qu'une autre. Vraiment on devrait s'abstenir de débiter sur ce sujet des sottises d'une espèce telle qu'on ne consentirait ni à les énoncer ni à les écouter s'il s'agissait d'autres questions d'intérêt pratique. Personne ne prétend démontrer, en alléguant que les marins n'ont pas le temps de faire les calculs de l'Almanach nautique, que l'art de la navigation n'est pas fondé sur la connaissance de l'astronomie. Etant des êtres raisonnables, les marins prennent la mer avec des calculs tout faits; et tous les êtres raisonnables s'embarquent sur la mer de la vie instruits sur les questions courantes concernant ce qui est bien et ce qui est mal, aussi bien que sur les questions beaucoup plus difficiles concernant ce qui est sage et ce qui est insensé. Et cela, aussi longtemps que la prévoyance sera une qualité humaine, on doit présumer qu'ils continueront à le faire. Quel que soit le principe que nous adoptions pour fonder la morale, il nous faut, pour en assurer l'application, des principes subordonnés; l'impossibilité de s'en passer étant commune à tous les systèmes, on ne peut tirer de là aucun argument contre l'un de ces systèmes pris en particulier; mais raisonner gravement comme si l'on ne pouvait avoir à sa disposition des principes secondaires de ce genre et comme si l'humanité s'était abstenue jusqu'à ce jour, et s'abstenait toujours de dégager des conclusions générales en s'appuyant sur l'expérience acquise au cours de sa vie, raisonner ainsi, c'est atteindre, selon moi, le plus haut degré d'absurdité auquel soit jamais arrivée la controverse philosophique.

10e objection : La morale utilitariste risque-t-elle, plus que les autres morales, de donner lieu à une casuistique malhonnête ?

Le reste du stock d'arguments dirigés contre l'utilitarisme procède le plus souvent du principe suivant : mettre à sa charge les faiblesses ordinaires de la nature humaine et les difficultés générales qui embarrassent les personnes consciencieuses dans la direction de leur vie. On nous dit qu'un utilitariste sera enclin à faire de son cas personnel une exception aux règles générales et, à l'heure de la tentation, considérera la violation de la règle comme plus utile que son observation. Mais l'utilitarisme est-il la seule doctrine qui soit capable de nous fournir des excuses pour nos mauvaises actions et des moyens de tricher avec notre propre conscience ? Les unes et les autres sont offerts en abondance par toutes les doctrines qui reconnaissent comme un fait, dans la pensée morale, l'existence de considérations qui entrent en conflit; et c'est le cas de toutes les doctrines qui ont obtenu l'adhésion des personnes sensées. Ce n'est la faute d'aucune doctrine, mais bien celle de la complexité des choses humaines, si les règles de conduite ne peuvent pas être formulées sans comporter d'exceptions, s'il est difficile d'affirmer à coup sûr que les actions d'une certaine catégorie sont absolument obligatoires ou absolument condamnables. Il n'y a pas de doctrine morale qui ne tempère la rigidité de ses lois en accordant à l'agent, sous sa responsabilité morale, une certaine latitude pour accommoder ces règles aux particularités des circonstances; et dans chaque doctrine, par la porte ainsi ouverte, s'introduisent l'illusion et la casuistique malhonnête. Il n'y a pas de système moral qui n'ait à résoudre des cas non douteux de devoirs en conflit. Voilà les difficultés réelles, les points épineux, aussi bien pour la théorie morale que pour la direction consciencieuse de la conduite personnelle. Elles sont surmontées plus ou moins heureusement dans la pratique selon l'intelligence et la vertu de l'individu; mais il serait difficile de prétendre qu'on est moins qualifié pour résoudre ces problèmes du fait que l'on est en possession d'une règle souveraine à laquelle on peut se référer dans l'examen des droits et des devoirs en conflit.

Tout au contraire, c'est l'utilitarisme qui permet encore le mieux de résoudre les conflits de devoirs.

Si c'est l'utilité qui est la source dernière des obligations morales, l'utilité peut être invoquée lorsqu'il s'agit de décider entre elles au cas où leurs exigences seraient incompatibles. Si difficile que puisse être l'application du critérium, cela vaut encore mieux que l'absence complète de critérium : dans d'autres systèmes, les lois morales prétendant toutes s'imposer avec une autorité absolue, il n'y a pas d'arbitre commun qui soit qualifié pour intervenir entre elles : les prétentions mises en avant pour justifier la prépondérance de l'une sur l'autre ne reposent guère que sur des sophismes, et, à moins qu'elles ne soient inspirées, comme cela arrive généralement, par l'influence inavouée de considérations utilitaristes, elles laissent le champ libre à l'action des préférences et des désirs personnels. Nous devons le rappeler; c'est seulement dans ces cas de conflit entre principes secondaires qu'il est indispensable de faire appel aux premiers principes. Il n'y a pas de cas d'obligation morale où ne se trouve impliqué quelqu'un de ces principes secondaires; et, si un seul y est impliqué, il est rare qu'il puisse y avoir, dans l'esprit d'une personne qui admet le principe en question, un doute véritable, quand il s'agit de le trouver.

CHAPITRE III

DE LA SANCTION [28] DERNIÈRE DU PRINCIPE DE L'UTILITÉ

A quelque principe de morale qu'on ait affaire, on pose souvent, et à juste titre, la question suivante : « Quelle est sa sanction ? Quels motifs a-t-on de lui obéir ? » ou, en termes plus précis : « Quelle est la source de son pouvoir d'obliger ? où puise-t-il sa force contraignante ? »

Le problème des « sanctions » se pose dans les mêmes termes pour tous les systèmes de morale.

La philosophie morale est tenue de répondre à cette question qui, souvent posée sous forme d'objection à la morale utilitariste, comme si elle la concernait plus spécialement que les autres morales, se pose en réalité pour tous les principes de morale. En fait, elle se pose chaque fois qu'une personne est invitée à *adopter* un principe pour sa moralité, ou à la rattacher à quelque base, sur lesquels elle n'était pas habituée à la fonder. Car la moralité faite d'habitudes, celle que l'éducation et l'opinion ont consacrée, est la seule qui, en se présentant d'elle-même à notre esprit, nous donne le sentiment qu'elle tire d'*elle-même* son caractère obligatoire; et si l'on demande d'admettre qu'elle le *tient* d'un principe général que l'habitude n'a pas entouré de la même auréole, cette demande passe pour paradoxale; les préceptes dont on se propose de faire des corollaires semblent avoir plus de force contraignante que le théorème auquel on les rattache, et la superstructure paraît plus solide sans les fondations qu'on lui prête qu'avec elles. On se dit à soi-même : « Je me sens obligé de ne pas voler ou assassiner, de ne pas trahir ou tromper; mais pourquoi serais-je obligé de travailler au bonheur général ? Si je trouve mon bonheur personnel dans quelque chose d'autre, pourquoi n'aurais-je pas le droit de préférer cette chose-là ? »

Si l'idée que les philosophes utilitaristes se font de la nature du sens moral est juste, cette difficulté subsistera toujours jusqu'à ce que les influences qui forment la personne morale aient inculqué le respect du principe comme elles inculquent aujourd'hui le respect de certaines règles qui en dérivent, jusqu'au moment où, par les progrès de l'éducation, le sentiment du lien qui nous unit [*the feeling of unity with*[29]] à nos semblables (et nul ne peut nier que telle ait été la volonté du Christ) se sera aussi profondément enraciné dans notre caractère et apparaîtra à la conscience de chacun de nous comme un sentiment aussi parfaitement naturel que l'horreur du crime à des jeunes gens d'une bonne éducation normale. Mais pour l'instant cette difficulté n'est pas particulière à la doctrine utilitariste; elle est inhérente à toute tentative faite pour analyser la moralité et la ramener à des principes; et cette tentative, à moins que le principe n'ait déjà revêtu dans l'esprit des hommes le même caractère sacré que l'une quelconque de ses applications, semble toujours dépouiller celles-ci d'une partie de leur sainteté.

La morale utilitariste possède ou peut posséder les mêmes « sanctions » que les autres morales.

1° Les « sanctions » extérieures.

Le principe de l'utilité possède — ou, en tout cas, aucune raison ne lui interdit de posséder — toutes les sanctions qui appartiennent à quelque autre système de morale que ce soit. Ces sanctions sont extérieures ou intérieures. Sur les sanctions extérieures il n'est pas nécessaire de s'étendre. Ce sont : l'espoir de se concilier la bienveillance, ou la crainte de provoquer le mécontentement de nos semblables ou du Maître de l'Univers, sentiments qui, joints à la sympathie ou à l'affection que nous pouvons avoir pour eux, à l'amour ou à la crainte que nous pouvons avoir de Lui, nous inclinent à faire Sa volonté sans aucun calcul égoïste des conséquences. Il n'y a certainement aucune raison pour que tous ces motifs d'observation de la règle ne jouent pas aussi complètement et aussi puissamment au service de la morale utilitariste qu'au service de n'importe quelle autre. En vérité, ceux d'entre eux qui ont rapport à nos semblables jouent sans aucun doute en proportion de la somme d'intelligence générale; car, qu'il y ait ou non un fondement de l'obligation morale autre que le bonheur général, il est certain que les hommes désirent le bonheur; et, aussi imparfaite que puisse être leur façon d'agir personnelle, ils désirent et louent toute conduite des autres à leur égard, s'ils croient qu'elle favorise leur propre bonheur. Venons-en au motif religieux : si les hommes croient, comme la plupart le déclarent, à la bonté de Dieu, ceux qui voient l'essence du bien, ou même seulement son critérium, dans la contribution qu'on apporte au bonheur général, doivent nécessairement penser que c'est aussi ce que Dieu approuve. Ainsi donc, toute l'influence qu'exercent les récompenses et les punitions, qu'elles soient d'ordre matériel ou moral, qu'elles viennent de Dieu ou de nos semblables, jointe à tout ce que la nature humaine peut comporter de dévotion désintéressée à Dieu ou aux hommes, devient utilisable pour renforcer la morale utilitariste dans la mesure où cette morale est admise; et cela d'autant plus puissamment que l'on orientera plus énergiquement vers cette fin l'éducation et la culture générale.

2° Les « sanctions » intérieures.

Tenons-nous-en là pour les sanctions extérieures. La sanction intérieure du devoir, quel que puisse être pour nous le principe du devoir, est toujours la même : c'est un sentiment [*feeling*] qui se trouve en nous-mêmes; une peine plus ou moins intense, qui suit la violation du devoir, et que les personnes d'éducation morale convenable éprouvent à un degré tel que, dans les cas graves, elles reculent devant cette violation comme devant une impossibilité.

Le sentiment du devoir, essence de la conscience morale.

Ce sentiment, lorsqu'il est désintéressé, lorsqu'il est lié à l'idée pure du devoir et non à l'une de ses formes particulières ou à quelque circonstance tout à fait accessoire, est l'essence de la Conscience.

Complexité du sentiment de l'obligation morale.

A la vérité, dans ce phénomène complexe tel qu'il existe réellement, le fait simple est en général tout enveloppé d'associations collatérales nées de la sympathie, de l'amour et plus encore de la crainte; du sentiment religieux sous toutes ses formes; de nos souvenirs d'enfance et de toute notre vie passée; de l'estime de soi, du désir d'obtenir l'estime des autres, et, à l'occasion même, de l'humilité. Cette extrême complication est, à ce que je crois, l'origine de cette sorte de caractère mystique qu'on est porté, en vertu d'une tendance de l'esprit humain dont il y a bien d'autres exemples, à attribuer à l'idée d'obligation morale; et c'est cela aussi qui pousse les gens à penser que cette idée ne peut s'attacher à d'autres objets qu'à ceux qui, en vertu d'une prétendue loi mystérieuse, se trouvent l'éveiller aujourd'hui. Quoi qu'il en soit, sa force contraignante résulte de l'existence d'un sentiment global [*a mass of feeling*] qu'il nous faut écarter de vive force si nous nous proposons d'agir en violation de notre principe moral et que, si nous persistons malgré tout à violer ce principe, nous aurons sans doute à affronter par la suite sous la forme du remords. Quelque théorie que nous professions sur la nature ou l'origine de la conscience, c'est cela qui la constitue essentiellement [30].

Ce sentiment joue comme « sanction » en faveur de l'utilitarisme aussi bien que des autres morales.

Ainsi donc, la sanction suprême de toute morale (motifs extérieurs mis à part) étant un sentiment [*feeling*] de caractère subjectif qui se trouve en nous-mêmes, je ne vois rien qui puisse embarrasser les partisans du principe utilitariste lorsqu'on leur demande quelle est la sanction attachée à ce principe particulier. Nous pouvons répondre qu'elle est la même que celle des principes de toutes les autres morales; les sentiments moraux [*conscientious feelings*] de l'humanité. Assurément, cette sanction n'exerce aucune contrainte efficace sur ceux qui ne possèdent pas les sentiments sur lesquels elle s'appuie; mais ces personnes-là n'obéiront pas davantage à un principe moral autre que le principe utilitariste. Sur ceux-là aucune espèce de morale n'a de prise, sinon par un recours aux sanctions extérieures. Il n'en est pas moins vrai que ces sentiments existent dans la nature humaine, c'est un fait. Leur réalité, l'influence considérable qu'ils peuvent exercer, quand on les a suffisamment cultivés sont prouvées par l'expérience. On n'a jamais dit pour quelle raison on ne pourrait pas les cultiver et leur donner une aussi grande force en les rattachant à la règle utilitariste plutôt qu'à la règle de n'importe quelle autre morale.

On n'accroît pas la force de l'obligation morale en prétendant la rattacher au domaine des « choses en soi ».

Il y a, je ne l'ignore pas, une disposition à croire qu'une personne qui voit dans l'obligation morale un fait transcendant [31], une réalité objective appartenant au domaine des « choses en soi », sera plus encline à s'y soumettre que celle qui la considère comme entièrement subjective et n'ayant son siège que dans la conscience humaine. Mais, quelle que puisse être l'opinion d'une personne quant à ce point d'ontologie, la force qui la pousse en réalité, c'est son sentiment subjectif et personnel; et l'intensité de ce sentiment donne la mesure exacte de cette force. La croyance à la réalité objective du devoir n'est chez aucun homme plus forte que ne peut l'être la croyance à la réalité de Dieu; et, malgré tout, la croyance en Dieu, abstraction faite de l'attente d'une récompense ou d'une punition effectives, n'agit sur la conduite qu'en proportion du sentiment religieux subjectif et par lui. La sanction, dans la mesure où elle est désintéressée, a toujours son siège dans l'esprit même; partant de là, les moralistes transcendantalistes en viennent nécessairement à penser que cette sanction n'existera pas *dans* l'esprit de l'agent, s'il n'est pas convaincu qu'elle a sa racine hors de l'esprit. Ils raisonnent ainsi : celui qui est capable de se dire : « Ce qui me retient, et qu'on appelle ma conscience, n'est qu'un sentiment personnel qui se trouve en moi » peut en conclure que si le sentiment disparaît, l'obligation disparaît et que, s'il trouve le sentiment gênant, il peut le négliger et tâcher de s'en débarrasser. Mais ce danger n'existe-t-il que pour la morale utilitariste ? Si l'on croit que l'obligation morale a son siège hors de l'esprit, le sentiment d'obligation en est-il tellement renforcé qu'on ne puisse plus s'en débarrasser ? Il en est, en fait, tout autrement; au point que tous les moralistes reconnaissent — pour s'en lamenter — la facilité avec laquelle, chez la plupart des gens, la conscience peut être réduite au silence ou étouffée. « Faut-il que [*Need I*] j'obéisse à ma conscience ? » est une question que se posent à eux-mêmes aussi souvent que les partisans du principe de l'utilité ceux qui n'en ont jamais entendu parler. Si les personnes dont les sentiments moraux sont assez faibles pour rendre possible cette question y répondent affirmativement, elles n'y seront pas poussées par leur croyance à la théorie transcendantaliste, mais par les sanctions extérieures.

Il n'est pas nécessaire, pour notre dessein présent, de décider si le sentiment du devoir est inné ou acquis. A supposer qu'il soit inné, la question reste ouverte de savoir à quels objets il s'attache naturellement. Car les philosophes partisans de cette théorie sont aujourd'hui d'accord pour penser que cette connaissance [*perception*] intuitive a pour objet les principes de la moralité et non leurs applications particulières. S'il y avait quelque chose d'inné dans l'affaire, je ne vois pas pourquoi ce sentiment inné n'aurait pas pour objet ce principe, qu'il faut prendre en considération les plaisirs et les peines d'autrui. S'il y a un principe de morale dont le caractère obligatoire soit objet d'intuition, j'oserais dire que c'est nécessairement celui-là. En ce cas, la morale intuitionniste serait d'accord avec la morale utilitariste, et il n'y aurait plus de querelle entre elles. Quoi qu'il en soit, les partisans de la morale intuitionniste, bien qu'il y ait, selon eux, d'autres obligations morales saisies par l'intuition, pensent certainement que celle-là au moins est l'une d'entre elles; car ils sont unanimes à soutenir qu'une grande *partie* de la moralité concerne les égards qui sont dus aux intérêts de nos semblables. Ainsi donc, s'il est vrai que la croyance à l'origine transcendante de l'obligation morale augmente l'efficacité de la sanction intérieure, il me paraît clair que le principe de l'utilité en recueille tout de suite le bénéfice.

Les sentiments moraux ne sont pas innés; ils sont acquis, mais cependant naturels.

D'un autre côté, si, comme je le crois, les sentiments moraux ne sont pas innés, mais acquis, ils n'en sont pas moins, pour cela, naturels. Il est naturel à l'homme de parler, de raisonner, de bâtir des villes, de cultiver le sol, quoique ce soient là des facultés acquises. Les sentiments moraux, à la vérité, ne font pas partie de notre nature, si on entend par là qu'ils devraient être présents chez nous tous, à un degré appréciable quelconque; fait regrettable, sans doute, mais reconnu par ceux qui croient le plus fortement à l'origine transcendante de ces sentiments. Cependant, comme les autres aptitudes acquises énumérées plus haut, la faculté morale, si elle ne fait pas partie de notre nature, s'y développe naturellement [*a natural outgrowth*];

comme les autres facultés elle est capable de prendre naissance spontanément, et, très faible au début, elle peut être portée par la culture à un haut degré de développement. Malheureusement aussi, en recourant autant qu'il est nécessaire aux sanctions extérieures et en utilisant l'influence des premières impressions, on peut la développer dans n'importe quelle direction, ou presque; en sorte qu'il n'y a guère d'idée, si absurde ou si malfaisante qu'elle soit, qu'on ne puisse imposer à l'esprit humain en lui donnant, par le jeu de ces influences, toute l'autorité de la conscience. Douter qu'on puisse donner la même force par les mêmes moyens au principe de l'utilité, même s'il n'avait pas son fondement dans la nature humaine, ce serait aller à l'encontre de toute notre expérience.

La morale utilitariste trouve un solide point d'appui dans le sentiment social, qui est naturel à l'homme.

Mais celles des associations d'idées morales qui sont de création entièrement artificielle cèdent par degrés, à mesure que la culture intellectuelle progresse, à la force dissolvante de l'analyse; et si le sentiment [*feeling*] du devoir, associé à l'idéal utilitariste, apparaissait lui aussi comme arbitraire; s'il n'y avait pas dans notre nature un centre directeur [*leading department*], une classe de sentiments [*sentiments*] puissants avec lesquels cette association soit capable de s'harmoniser, qui nous fassent sentir qu'elle est dans le sens de notre nature [*congenial*] et nous poussent, non seulement à l'encourager chez les autres (bien des motifs intéressés nous y engagent), mais aussi à l'entretenir en nous-mêmes; s'il n'y avait pas, en un mot, une base naturelle de sentiment [*sentiment*] pour la morale utilitariste, il pourrait se faire que cette association-là, elle aussi, même implantée en nous par l'éducation, ne résistât pas à l'analyse.

Mais ce sentiment [*sentiment*] naturel puissant qui doit nous servir de base, il *existe*, et c'est lui, dès que le bonheur général est reconnu comme idéal moral, qui constitue la force de la moralité utilitariste. Ce fondement solide, ce sont les sentiments [*feelings*] sociaux de l'humanité; c'est le désir de vivre en bonne harmonie avec nos semblables.

Les progrès de la civilisation tendent à renforcer et à élargir ce sentiment.

Déjà, ce désir est dans la nature humaine un principe d'action puissant; et il est, par bonheur, l'un de ceux qui tendent à se renforcer, même sans qu'on l'inculque à dessein, sous l'influence d'une civilisation en progrès. L'état de société est à la fois si naturel, si habituel et si nécessaire à l'homme que, si ce n'est dans quelques circonstances exceptionnelles ou par un effort d'abstraction volontaire, il ne se conçoit jamais autrement que comme membre d'un corps; et cette association d'idées se rive de plus en plus fortement, à mesure que l'humanité s'éloigne davantage de l'état d'indépendance sauvage. Et ainsi toutes les conditions essentielles d'un état de société deviennent de plus en plus parties intégrantes de l'idée que chaque personne se fait de l'état de choses dans lequel elle est née, et dans lequel un être humain est destiné à vivre. Or, une société d'êtres humains, si on excepte la relation de maître à esclave, est manifestement impossible si elle ne repose pas sur le principe que les intérêts de tous seront consultés. Une société d'égaux ne peut exister s'il n'est pas bien entendu que les intérêts de tous doivent être également pris en considération. Et puisque, dans tous les états de civilisation, chaque personne, à l'exception du monarque absolu, a des égaux, chacun est obligé de vivre sur le pied d'égalité avec quelqu'un; et chaque époque marque un progrès vers la réalisation d'un état de choses dans lequel il sera impossible de vivre autrement, de façon permanente, avec qui que ce soit. De la sorte, les hommes en arrivent à être incapables de concevoir comme possible pour eux un état de choses où l'on négligerait totalement les intérêts d'autrui. Ils sont dans la nécessité de se concevoir eux-mêmes comme s'abstenant tout au moins des actes les plus nuisibles et (ne fût-ce que pour leur protection personnelle) comme ne cessant de protester contre de tels actes. Ce sont pour eux choses familières que de coopérer avec autrui et de proposer comme but à leurs actions (tout au moins pour le moment présent) un intérêt collectif et non individuel. Aussi longtemps qu'ils sont en train de coopérer, leurs fins sont identifiées avec les fins d'autrui; ils ont, au moins pendant quelque temps, le sentiment que les intérêts d'autrui sont leurs propres intérêts. Non seulement tout renforcement des liens sociaux, tout développement normal de la société, donne à chaque individu un intérêt personnel plus grand à tenir compte pratiquement du bien-être des autres, mais aussi l'individu sera amené à donner de plus en plus comme objet à ses *sentiments* le bien des autres, ou tout au moins à le prendre de plus en plus en considération dans la pratique. Il en arrive, comme instinctivement, à se considérer lui-même comme un être qui se préoccupe *naturellement* des autres. Le bien d'autrui devient pour lui une chose dont il est naturel et nécessaire qu'il s'occupe, comme nous nous occupons des conditions physiques de notre existence. Dès lors, à quelque degré qu'un homme possède ce sentiment, il se trouve poussé par les motifs les plus impérieux, relevant à la fois de l'intérêt et de la sympathie, à le manifester et à l'encourager chez les autres dans toute la mesure où il le peut; et même s'il ne l'éprouve pas lui-même, il a, autant que qui que ce soit, intérêt à ce que les autres l'éprouvent. En conséquence, les plus petits germes de ce sentiment sont recueillis et leur développement est assuré par la contagion de la sympathie et l'influence de l'éducation; et il est fortifié encore par le réseau serré d'associations qui est tissé autour de lui par l'action puissante des sanctions extérieures. Cette façon de concevoir et nous-mêmes et la vie humaine apparaît de plus en plus à notre conscience, avec les progrès de la civilisation, comme une chose naturelle. Chaque pas fait dans le sens du progrès politique lui donne de plus en plus un tel caractère en supprimant les causes de l'opposition des intérêts, en écartant les inégalités fondées sur le privilège que la loi établit entre individus ou classes et qui font qu'il y a des masses considérables d'hommes dont il est encore possible de négliger le bonheur. Lorsque l'esprit humain est en progrès, les influences qui tendent à faire naître en chaque individu le sentiment du lien qui l'unit à tous les autres deviennent toujours plus puissantes; ce sentiment, s'il était parfait, empêcherait l'individu de jamais concevoir ou désirer une situation qui serait avantageuse pour lui, mais dont ses semblables ne partageraient pas les avantages.

On peut concevoir un système d'éducation qui revêtirait un caractère religieux et qui serait orienté vers le développement de l'altruisme.

Supposons maintenant que le sentiment de cette unité soit enseigné comme une religion, et que toutes les forces convergentes de l'éducation, des institutions et de l'opinion créent autour de l'individu, dès son enfance, comme jadis la religion, une atmosphère où il grandisse en voyant partout ce sentiment adopté et mis en pratique; quiconque est capable de concevoir la possibilité d'un tel état de choses se sentira, je pense, tout à fait rassuré et reconnaîtra que la morale du bonheur dispose d'une sanction dernière suffisante. Aux personnes qui s'intéressent à la morale et qui éprouveraient quelque difficulté à concevoir cette possibilité, je recommande, pour leur donner le moyen d'y parvenir plus facilement, la lecture du second des deux grands ouvrages de M. Comte [32], *Le Système* * *de politique positive.*

Comte et la religion de l'humanité.

J'aurais à adresser les plus graves objections au système de politique et de morale exposé dans ce traité; mais j'estime qu'il a établi surabondamment la possibilité, même sans le secours de la croyance à une Providence, de donner au service de l'humanité et la force psychologique et l'efficacité sociale d'une religion; car on ferait en sorte qu'il s'empare de la vie humaine, qu'il colore toutes les pensées, tous les sentiments, tous les actes, de telle manière que l'ascendant exercé par une religion, si grand qu'il ait jamais pu être, n'en donnerait qu'une idée et un avant-goût. Il faudrait seulement craindre, non pas que cet ascendant soit insuffisant, mais qu'il soit excessif, au point de porter fâcheusement atteinte à la liberté humaine et à l'individualité.

Le sens social, quoique insuffisamment développé, existe déjà chez tout individu normal.

D'ailleurs le sentiment qui donne leur force contraignante aux règles de la morale utilitariste peut, chez

* Le mot « Système » a remplacé dans la 4e édition le mot « Traité », que Mill avait employé par erreur dans la 1re.

ceux qui admettent cette morale, s'affirmer, sans qu'il leur faille attendre l'action des influences sociales qui rendraient cette obligation sensible à l'ensemble de l'humanité. Dans l'état de civilisation relativement peu avancée où les hommes se trouvent encore, aucun d'eux ne peut, à la vérité, éprouver pour les autres cette sympathie totale qui rendrait impossible toute discordance réelle dans la direction générale de leurs conduites respectives; mais déjà l'individu chez qui le sentiment social est tant soit peu développé ne peut se résoudre à considérer ses semblables comme des rivaux qui seraient en lutte avec lui dans la poursuite du bonheur, et dont il devrait désirer la défaite pour assurer son propre succès. Chaque individu possède, dès aujourd'hui, la conviction bien enracinée qu'il est un être social; et cette conviction tend à lui faire apparaître comme un besoin naturel la mise en harmonie de ses sentiments et de ses buts avec ceux de ses semblables. Si les différences d'opinions et de culture le mettent dans l'impossibilité de partager un grand nombre des sentiments éprouvés en fait par ses semblables et l'amènent même à combattre et à braver ces sentiments, il a besoin de penser, malgré tout, que ses fins véritables et les leurs ne sont pas en conflit, qu'il n'apporte pas d'obstacle à la réalisation de leur vraie fin, c'est-à-dire de leur propre bien, mais tout au contraire y contribue. Chez la plupart des individus, ce sentiment est très inférieur en force aux sentiments égoïstes, souvent même il est tout à fait absent. Mais, chez ceux qui le possèdent, il a tous les caractères d'un sentiment naturel. Il ne se présente pas à leur esprit à la façon d'une superstition due à l'éducation, ou d'une loi imposée despotiquement par la puissance sociale, mais comme un attribut qu'il serait fâcheux pour eux de ne pas posséder. Cette conviction est la sanction dernière de la morale du plus grand bonheur. C'est elle qui fait que tout esprit dont les sentiments sont heureusement développés agit, non pas à l'encontre, mais dans le sens des motifs extérieurs qui poussent à se préoccuper d'autrui et qui viennent de ce que j'ai appelé la sanction extérieure. Et quand ces sanctions sont absentes, ou agissent en sens contraire, cette conviction suffit à constituer une force intérieure contraignante, qui est d'autant plus puissante que le caractère est plus sensible et plus réfléchi. Car, si l'on excepte ceux dont la vie morale est inexistante, il y a peu de gens qui consentiraient à adopter un plan de vie établi selon ce principe : ne jamais se préoccuper des autres que dans la mesure où on y est forcé par l'intérêt personnel.

CHAPITRE IV

DE QUEL GENRE DE PREUVE LE PRINCIPE DE L'UTILITÉ EST SUSCEPTIBLE

Les questions relatives aux fins suprêmes ne comportent pas de preuves directes.

On a déjà remarqué que les questions de fins suprêmes ne comportent pas de preuves, dans le sens ordinaire du mot. L'impossibilité de prouver par le raisonnement est commune à tous les premiers principes : aux prémisses de notre connaissance, aussi bien qu'à celles de notre conduite. Mais les premières, concernant des faits [*being matters of fact*] justifient un appel direct aux facultés dont les faits relèvent : à savoir nos sens et notre conscience intime. Peut-on faire appel à ces mêmes facultés pour les questions de fins pratiques ? Ou bien de quelle autre faculté sont-elles justiciables ?

Pour l'utilitarisme, la seule chose désirable comme fin est le bonheur.

Les problèmes relatifs aux fins peuvent encore être énoncés ainsi : Quelles sont les choses désirables ? La doctrine utilitariste soutient que le bonheur est désirable et que c'est la seule chose désirable comme fin, toutes les autres choses n'étant désirables que comme moyens pour atteindre cette fin. Que doit-on exiger de cette doctrine — quelles conditions faut-il que la doctrine remplisse — pour justifier l'assentiment qu'elle réclame ?

Ce qui est désirable, c'est ce qui est désiré en fait.

Tout ce qu'on peut dire pour prouver qu'un objet est visible, c'est qu'en fait on le voit. La seule preuve qu'un son est audible, c'est qu'on l'entend : et ainsi des autres sources de notre expérience. De même, selon moi, la seule preuve qu'on puisse donner pour établir qu'une chose est désirable, c'est qu'*en fait* on la désire. Si la fin que la doctrine utilitariste admet pour son compte n'était pas, en théorie et en pratique, reconnue comme étant une fin, rien ne pourrait jamais convaincre qui que ce soit qu'elle en est une.

1° Tout le monde, en fait, désire le bonheur.

Pourquoi le bonheur général est-il désirable ? On n'en peut donner aucune raison, sinon celle-ci : chaque personne désire son propre bonheur, dans toute la mesure où elle croit pouvoir l'atteindre. Mais, étant en présence d'un fait, nous avons là, non seulement tout ce qui, dans l'espèce, peut être apporté en matière de preuve, mais tout ce qu'il est possible d'exiger à l'appui de l'affirmation que le bonheur est un bien : le bonheur de chaque personne est un bien pour cette personne, et le bonheur général est donc un bien pour toutes les personnes prises dans leur ensemble. C'est ainsi que le bonheur fait valoir son droit à être considéré comme *l'une* des fins de la conduite, et en conséquence comme l'un des critériums de la moralité.

2º On ne désire jamais en définitive que le bonheur.

Mais cela ne suffit pas à prouver qu'il soit le seul critérium. Pour le faire, il semble, par application de la même règle, qu'on soit tenu de montrer non seulement que les hommes désirent le bonheur, mais qu'ils ne désirent jamais autre chose. Or on constate qu'ils désirent certainement des choses que le langage courant distingue sans hésiter du bonheur.

a) Beaucoup, il est vrai, désirent aussi la vertu.

Par exemple, ils désirent la vertu et l'absence de vice aussi réellement que le plaisir et l'absence de peine. Le désir de la vertu n'est pas aussi universel, mais c'est un fait aussi authentique que le désir du bonheur. Et les adversaires du principe utilitariste se croient en droit d'en conclure qu'il y a d'autres fins de l'action humaine que le bonheur et que le bonheur n'est pas ce qui doit régler notre approbation et notre blâme.

b) Les utilitaristes le reconnaissent et affirment même que la vertu est désirable pour elle-même.

Mais la doctrine utilitariste nie-t-elle que les hommes désirent la vertu ? Soutient-elle que la vertu n'est pas une chose à désirer ? Tout au contraire. Elle soutient non seulement que la vertu est une chose à désirer, mais qu'elle est désirable pour elle-même, de façon désintéressée [33]. Que les moralistes utilitaristes aient telle ou telle opinion sur les conditions primitives qui ont fait que la vertu est vertu, qu'ils croient ou non (et, en fait, ils le croient) que les actions et dispositions vertueuses ne sont telles que parce qu'elles favorisent la réalisation d'une autre fin que la vertu, n'importe. Cette concession leur étant faite, quand on aura déterminé, en s'inspirant des considérations qui précèdent, ce que c'est qu'être vertueux, les utilitaristes, non contents de placer la vertu en tête des choses qui sont bonnes comme moyens pour atteindre la fin suprême, reconnaissent comme un fait psychologique qu'elle peut être, pour l'individu, un bien en soi, sans subordination à aucune autre fin. Et ils soutiennent même qu'on n'est pas dans l'état d'esprit qu'il faut, dans l'état d'esprit utilitariste, dans l'état d'esprit le plus favorable au bonheur général, si l'on n'aime pas la vertu de cette manière, comme une chose désirable en soi, alors même que, dans le cas particulier, elle ne produirait pas les autres conséquences désirables qu'elle tend à produire, et qui font qu'on la considère comme la vertu.

c) *C'est que la vertu, après avoir été moyen du bonheur, est devenue partie du bonheur.*

En soutenant cette opinion, on ne s'écarte pas le moins du monde du principe du bonheur. Les éléments du bonheur sont très divers et chacun d'eux est désirable en lui-même, et non pas seulement comme concourant à la formation d'un agrégat. Le principe de l'utilité ne signifie pas qu'un plaisir donné, tel que la musique, qu'une absence de douleur, telle que la santé, doit être considéré comme un moyen d'atteindre une chose formant bloc [*a collective something*] et dénommée bonheur, et être désiré à ce titre. Ils sont désirés et désirables en eux-mêmes et pour eux-mêmes ; ils ne sont pas seulement des moyens, ils sont une partie de la fin. La vertu, selon la doctrine utilitariste, n'est pas naturellement et primitivement une partie de la fin, mais est capable de le devenir; chez ceux qui l'aiment de façon désintéressée, elle l'est devenue; et elle est désirée et cultivée par eux, non pas comme un moyen d'atteindre le bonheur, mais comme une partie de leur bonheur.

Il en est ainsi pour l'argent...

Pour rendre ceci plus clair, nous pouvons nous rappeler que le cas de la vertu n'est pas unique. Il y a des choses qui sont d'abord moyens, qui seraient et resteraient indifférentes, si elles n'étaient un moyen d'atteindre autre chose, mais qui, en s'associant avec ce dont elles sont le moyen, en viennent à être désirées pour elles-mêmes, et, qui plus est, avec la plus grande intensité. Que dirons-nous par exemple, de l'amour de l'argent ? Primitivement, il n'y a rien de plus désirable dans l'argent que dans un tas de cailloux brillants. Il n'a d'autre valeur que celle des choses qu'il permettra d'acheter, il donne seulement le moyen de satisfaire le désir qu'on a de choses autres que lui. Et cependant l'amour de l'argent n'est pas seulement un des plus puissants mobiles d'action de la vie humaine, mais, dans bien des cas, l'argent est désiré en lui-même et pour lui-même; le désir de le posséder est souvent plus intense que le désir de l'employer et continue à s'accroître alors que s'évanouissent les désirs ayant pour objet des fins qui le dépassent et qu'il devait permettre de réaliser. On peut vraiment dire alors que l'argent est désiré non en vue d'une fin, mais comme une partie de la fin. Après avoir été un moyen d'atteindre le bonheur, il en est venu à être lui-même un élément de la conception qu'a l'individu du bonheur.

... pour le pouvoir, la célébrité, etc.

On peut dire la même chose de la plupart des grands buts de la vie humaine — le pouvoir par exemple ou la célébrité — avec cette différence que chacune de ces deux choses procure un certain plaisir immédiat qui est lié à sa nature même ou tout au moins le semble : ce qu'on ne peut pas dire de l'argent. Et encore, pourtant, ce qui exerce le plus fort attrait naturel, dans le pouvoir aussi bien que dans la célébrité, c'est l'aide immense qu'ils nous apportent pour la réalisation de nos autres souhaits. Et c'est la forte association ainsi formée entre eux et tous les objets de nos désirs qui donne au désir direct qu'on a du pouvoir et de la célébrité l'intensité qu'il a souvent, intensité telle qu'il l'emporte en puissance, chez quelques personnes, sur tous les autres désirs. Dans ces cas-là, les moyens sont devenus une partie de la fin, et une partie plus importante qu'aucune des choses dont ils sont les moyens. Ce qui était autrefois désiré comme un moyen permettant d'atteindre le bonheur, en est venu à être désiré pour soi. Mais cette chose que l'on désire pour elle-même, on la désire cependant aussi comme *partie* du bonheur. On est heureux — ou on pense qu'on le serait — par sa seule possession, et on est malheureux si l'on ne réussit pas à l'obtenir. Le désir qu'on en a n'est pas différent du désir du bonheur, pas plus que l'amour de la musique ou le désir de la santé. Ces choses sont comprises dans le bonheur. Elles sont quelques-uns des éléments dont est fait le bonheur que nous désirons. Le bonheur n'est pas une idée abstraite, mais un ensemble concret et ces éléments sont quelques-unes de ses parties. Selon l'idéal utilitariste, il est légitime et bon qu'il en soit ainsi. La vie serait une pauvre chose, bien mal pourvue de sources de bonheur, si la nature n'avait fait en sorte que des choses, indifférentes à l'origine, mais capables de conduire ou de s'associer de quelque autre manière à la satisfaction de nos désirs primitifs, pussent devenir elles-mêmes des sources de plaisirs plus précieux [*valuable*] que les plaisirs primitifs, et par leur permanence, et par l'étendue de vie humaine qu'ils sont capables de couvrir, et même par leur intensité. La vertu, selon la conception utilitariste, est un bien de ce genre. A l'origine, on ne la désirait pas, aucun mobile n'y poussait, sinon le fait qu'elle conduisait au plaisir et surtout préservait de la douleur. Mais, grâce à l'association ainsi formée, elle peut apparaître [*may be felt*] comme un bien en elle-même, et, comme telle, être désirée avec autant d'intensité que tout autre bien.

d) *Mais la vertu est, de toutes les choses désirables, celle qui peut le plus contribuer au bonheur général.*

Mais il y a une différence entre elle et l'amour de l'argent, du pouvoir, ou de la célébrité : tous ces désirs peuvent rendre, et souvent rendent effectivement, l'individu nuisible aux autres membres de la société à laquelle il appartient, tandis que rien ne peut mieux préparer l'individu à devenir une providence pour ses semblables que la culture en lui de l'amour désintéressé de la vertu. En conséquence, l'utilitarisme, tout en tolérant, tout en approuvant ces autres désirs acquis par nous, jusqu'à la limite au-delà de laquelle ils deviendraient plus nuisibles qu'utiles au bonheur général, prescrit et exige que l'on cultive l'amour de la vertu et qu'on l'élève au plus haut degré possible, parce qu'il la tient pour la chose qui contribue le plus au bonheur général.

Des considérations qui précèdent, il résulte qu'on ne désire en réalité qu'une chose : le bonheur. Toute chose qu'on désire autrement qu'à titre de moyen conduisant à quelque but plus éloigné, et en définitive au bonheur, est désirée comme une partie même du bonheur et n'est pas désirée pour elle-même tant qu'elle n'est pas devenue une partie du bonheur. Ceux qui désirent la vertu pour elle-même la désirent, soit parce que la conscience de la posséder est un plaisir, soit parce que la conscience d'en être dépourvu est une peine, soit pour les deux raisons réunies ; car, à vrai dire, le plaisir et la peine en ce cas existent rarement séparés, mais se présentent presque toujours ensemble, la même personne éprouvant le plaisir d'avoir atteint un certain degré de vertu et la peine de ne pas s'être élevée plus haut. Si elle n'éprouvait ni ce plaisir, ni cette peine, c'est qu'elle n'aimerait pas ou ne désirerait pas la vertu, ou la désirerait seulement pour les autres avantages qu'elle pourrait lui apporter, soit à elle-même, soit aux personnes auxquelles elle tient.

Nous avons ainsi maintenant une réponse à la question : « De quel genre de preuve le principe d'utilité est-il susceptible ? » Si l'opinion que je viens d'exposer est psychologiquement vraie, si la nature humaine est ainsi faite qu'elle ne désire rien qui ne soit une partie du bonheur ou un moyen d'atteindre le bonheur, nous n'avons pas besoin d'autre preuve et nous n'en réclamons pas d'autre pour affirmer que ce sont là les seules choses désirables. S'il en est ainsi, le bonheur est la seule fin de l'action humaine et la contribution apportée à sa réalisation la seule pierre de touche qui permette de juger toute la conduite humaine : d'où il suit nécessairement que ce doit être le critérium de la moralité, puisque la partie est incluse dans le tout [34].

Appel à l'observation psychologique pour la vérification de la thèse : le plaisir est le seul objet du désir, la douleur le seul objet de l'aversion.

Et maintenant, pour décider s'il en est réellement ainsi; si les hommes ne désirent vraiment pour elles-mêmes que les choses dont la possession est un plaisir pour eux ou dont l'absence est une peine, nous voici amenés évidemment à poser une question de fait et d'expérience, qui, comme toutes les questions analogues, appelle une vérification. On ne peut résoudre le problème qu'en prenant conscience de soi, en pratiquant l'observation personnelle, complétée par celle d'autrui. Je crois que ces moyens de vérification, impartialement mis en œuvre, montreront que désirer une chose et la trouver agréable, avoir de l'aversion pour une autre et se la représenter comme pénible sont des phénomènes absolument inséparables ou plutôt deux parties d'un même phénomène, à parler rigoureusement, deux manières différentes de désigner le même fait psychologique; que se représenter un objet comme désirable (à moins qu'on ne le désire seulement pour ses conséquences) et se le représenter comme agréable sont une seule et même chose; et que désirer une chose, sans que ce désir soit en proportion du plaisir qui s'attache à la représentation qu'on en a, est une impossibilité physique et métaphysique.

3º Mais ne peut-on pas « vouloir » autre chose que le bonheur et le plaisir ?

Ces idées me semblent si évidentes que je ne pense pas qu'elles soulèvent beaucoup de contestations : on ne m'objectera pas que le désir peut avoir pour objet dernier autre chose que le plaisir et l'absence de peine. Mais on me dira que la volonté et le désir sont choses différentes ; qu'une personne de vertu éprouvée, ou une autre personne dont le plan de conduite est bien arrêté, exécute son plan sans penser au plaisir qu'elle prend à se le représenter ou qu'elle attend de sa réalisation ; et qu'elle persiste à agir d'après ce plan, quand bien même ces plaisirs auraient beaucoup diminué par suite de changements dans son caractère ou d'un affaiblissement de sa sensibilité passive [*passive sensibilities*], ou encore n'égaleraient pas les peines que peut lui causer la poursuite de son plan.

a) *L'acte de volonté est en effet différent du désir.*

Tout ceci, je l'admets entièrement et l'ai déclaré ailleurs aussi formellement et catégoriquement que qui que ce soit. La volonté, phénomène actif, est chose différente du désir, état de la sensibilité passive ; et quoiqu'elle soit à l'origine un rejeton du désir, elle peut, le moment venu, prendre racine et se détacher de la souche mère, tant et si bien que, dans le cas d'une fin poursuivie par habitude, au lieu de vouloir la chose parce que nous la désirons, nous ne la désirons, souvent, que parce que nous la voulons.

b) *Mais il n'est qu'un désir consolidé par l'habitude.*

Ceci n'est cependant qu'un cas de ce fait bien connu : la puissance de l'habitude, et ne concerne pas seulement les actes vertueux. Il y a beaucoup de choses indifférentes, que les hommes ont faites à l'origine pour un motif quelconque et qu'ils continuent à faire par habitude. Quelquefois la chose est faite inconsciemment, la conscience ne survenant qu'après l'acte ; d'autres fois il s'agit d'un acte de volonté conscient, mais qui est devenu habituel et qui est déclenché par la force de l'habitude, en opposition peut-être avec la préférence délibérée, comme il arrive souvent chez ceux qui ont pris l'habitude de se laisser aller à des actes vicieux ou nuisibles. En troisième et dernier lieu vient le cas dans lequel l'acte de volonté devenu habituel n'est pas en opposition, dans l'occurrence, avec l'intention générale qui prévaut aux autres moments, mais au contraire concourt à sa réalisation; ainsi dans le cas de la personne de vertu éprouvée et de tous ceux qui poursuivent de façon délibérée et cohérente une fin déterminée. La distinction entre la volonté et le désir, comprise ainsi, exprime un fait psychologique authentique et très important; mais ce fait consiste seulement en ceci : la volonté, comme toutes nos autres fonctions naturelles, est soumise à l'habitude et nous pouvons vouloir par habitude des choses que nous ne désirons plus pour elles-mêmes ou ne les désirer que parce que nous les voulons. Il n'en est pas moins vrai que la volonté, à l'origine, est entièrement produite par le désir; en désignant par ce mot la répugnance inspirée par la douleur aussi bien que l'attrait exercé par le plaisir.

c) *Application pratique : pour éveiller ou affermir la volonté vertueuse, il faut rendre la vertu attrayante.*

Considérons maintenant, non plus la personne dont la volonté de bien faire est éprouvée, mais celle dont la volonté vertueuse est encore faible, capable de succomber à la tentation, et sur laquelle on ne peut pleinement compter. Par quels moyens peut-on la fortifier ? Comment peut-on implanter ou éveiller la volonté d'être vertueux là où la force de cette volonté est insuffisante ? Uniquement en faisant en sorte que la personne *désire* la vertu — en lui faisant apparaître la vertu sous un aspect agréable ou son absence sous un aspect pénible. C'est en associant la bonne conduite avec le plaisir, la mauvaise avec la peine, c'est en lui faisant découvrir, en gravant dans son esprit, en lui rendant sensible par l'expérience, le plaisir qui est la suite naturelle de la première, ou la peine qui suit la seconde, qu'il est possible de mettre en valeur cette volonté d'être vertueux qui, une fois affermie, s'exerce indépendamment de toute idée de plaisir ou de peine. La volonté est l'enfant du désir et elle n'échappe à l'autorité paternelle que pour tomber sous celle de l'habitude. [Sans doute], on ne peut pas considérer d'avance comme intrinsèquement bon ce qui naît de l'habitude. [Mais] si l'influence des associations agréables ou pénibles qui incitent à la vertu n'est pas soutenue par l'habitude, nous ne pouvons pas compter assez sur cette influence pour donner à l'action une constance infaillible : c'est la seule raison qui rende souhaitable l'indépendance de la conduite vertueuse à l'égard du plaisir et de la peine. Aussi bien pour les sentiments que pour la conduite, l'habitude est [en effet] la seule chose qui apporte une certitude; et c'est parce qu'il est important pour les autres de pouvoir compter absolument sur les sentiments et la conduite de chacun, et pour chacun de pouvoir compter sur lui-même, qu'on doit, par l'éducation, assurer à la volonté de bien faire cette indépendance [35] qui est l'effet de l'habitude. En d'autres termes, cet état de la volonté est un moyen pour arriver au bien, mais n'est pas, intrinsèquement, un bien. Et cela ne contredit pas l'affirmation qu'une chose n'est un bien pour les êtres humains qu'autant qu'elle donne elle-même du plaisir, ou qu'elle est un moyen d'atteindre le plaisir ou d'éloigner la douleur.

Mais si cette affirmation est vraie, le principe de l'utilité est prouvé. L'est-elle ou non ? C'est ce que nous devons laisser désormais au lecteur réfléchi le soin d'examiner.

CHAPITRE V

DU LIEN QUI UNIT LA JUSTICE ET L'UTILITÉ

Peut-on rendre compte des exigences de la justice, et surtout du sentiment que nous en avons, par des considérations d'utilité ?

A toutes les époques de la pensée spéculative, l'une des objections les plus graves qu'on ait rencontrées pour faire admettre l'utilité ou le bonheur comme critérium du bien et du mal a été tirée de l'idée de justice. Le sentiment puissant et la représentation [*perception*], claire en apparence, que ce mot évoque avec une rapidité et une certitude qui tiennent de l'instinct, ont semblé à la majorité des penseurs révéler l'existence d'une qualité inhérente aux choses, et montrer que le juste doit exister dans la nature comme quelque chose d'absolu, génériquement distinct de toutes les variétés de l'expédient, et théoriquement en opposition avec lui, quoique (comme on le reconnaît communément) il ne soit jamais, à la longue, séparé de lui en fait.

Dans ce cas, aussi bien que dans celui de nos autres sentiments moraux, il n'y a pas de lien nécessaire entre la question de l'origine du sentiment et celle de sa force d'obligation. Le fait qu'un sentiment nous est donné par la nature ne légitime pas nécessairement tous les actes auxquels il pousse. Le sentiment de la justice pourrait être un instinct particulier et requérir cependant, comme nos autres instincts, le contrôle et les lumières supérieures de la raison. Si nous avons des instincts intellectuels qui nous portent à juger dans un certain sens, aussi bien que des instincts animaux qui nous poussent à agir aussi dans un certain sens, ce n'est pas une nécessité que les premiers soient plus infaillibles dans leur sphère que les derniers dans la leur : il peut aussi bien arriver que de mauvais jugements soient suggérés par ceux-là que de mauvaises actions par ceux-ci. Mais, quoique ce soit une chose de croire que nous avons des sentiments naturels de justice et une autre de les reconnaître comme devant fournir un critérium suprême de la conduite, ces deux opinions sont cependant, en fait, étroitement liées. Les hommes sont toujours disposés à croire qu'un sentiment subjectif, si aucune autre explication n'en est donnée, est la révélation d'une réalité objective. Notre objet présent est de déterminer si la réalité à laquelle correspond le sentiment de la justice doit être connue par une révélation spéciale de ce genre; si la justice ou l'injustice d'une action est quelque chose de particulier, ayant son essence propre, quelque chose qui diffère de toutes les autres qualités de l'action, ou seulement une combinaison de certaines de ces qualités qui se présentent sous un aspect particulier. Pour l'objet de notre enquête, il est pratiquement important de rechercher si le sentiment même de la justice et de l'injustice est un sentiment *sui generis*, comme nos sensations de couleur ou de goût, ou un sentiment dérivé, résultant de la combinaison d'autres sentiments. C'est une question dont l'examen est d'autant plus important que, si l'on est généralement assez disposé à admettre que le domaine des prescriptions de la justice, objectivement, coïncide en partie avec celui de l'intérêt général [*general expediency*], il n'en est pas de même lorsqu'il s'agit du sentiment de la justice, état mental et subjectif. Parce que ce sentiment est différent de celui qu'éveille communément l'intérêt [*expediency*] pur et simple, et parce que (exception faite pour les cas extrêmes que présente ce dernier) il se montre beaucoup plus impératif dans ses exigences, on a de la peine à ne voir dans la justice qu'une espèce particulière ou une branche de l'utilité générale; et l'on pense que sa force d'obligation supérieure doit lui faire attribuer une origine totalement différente.

ANALYSE DE L'IDÉE ET DU SENTIMENT DE LA JUSTICE

1re méthode d'investigation : Y a-t-il une qualité commune à tous les actes qualifiés d'injustes qui nous permette de déterminer l'origine du sentiment de la justice ?

Pour éclaircir cette question, il faut essayer de déterminer le caractère distinctif de la justice ou de l'injustice. Quelle est la qualité — et y a-t-il une qualité — attribuée en commun à tous les modes de conduite désignés comme injustes (car il en est de la justice, comme de beaucoup d'autres attributs moraux : c'est par son contraire qu'on la définit le mieux) et permettant de les distinguer d'autres modes de conduite qui sont désapprouvés eux aussi, mais qui échappent à la qualification désapprobatrice spéciale qu'on applique aux premiers ? Si dans chacune des choses que les hommes ont l'habitude de qualifier de justes ou d'injustes, on trouve toujours présent un certain attribut commun ou un certain ensemble d'attributs communs, nous avons à décider si cet attribut particulier ou cette combinaison d'attributs est capable, par la seule vertu des lois générales de notre constitution émotionnelle, d'engendrer à l'égard de la chose considérée un sentiment ayant ce caractère particulier et cette intensité; ou bien si un tel sentiment est inexplicable, et doit être regardé comme un don spécial de la nature. Si nous voyons que la première solution est la bonne, nous aurons résolu du même coup, en répondant à cette question, le problème principal ; si c'est la seconde, nous aurons à rechercher quelque autre méthode d'enquête.

Pour trouver les attributs communs d'un ensemble d'objets divers, il faut d'abord examiner les objets eux-mêmes dans leur réalité concrète. Examinons donc successivement les diverses façons d'agir, les divers arrangements des affaires humaines, que toute l'opinion ou une large fraction de l'opinion classe dans les catégories du juste ou de l'injuste. Les choses qui sont reconnues comme propres à faire naître les sentiments associés à ces mots offrent une très grande variété. Je les passerai rapidement en revue sans m'arrêter à l'étude des cas particuliers.

Infraction à la justice légale.

En premier lieu, on considère le plus souvent comme injuste de priver quelqu'un de sa liberté personnelle, de sa propriété, ou d'une chose quelconque lui appartenant en vertu de la loi. Voilà donc un exemple de l'application des termes juste et injuste dans un sens parfaitement défini : il est juste de respecter, il est injuste de violer les *droits légaux* de quelqu'un. Mais cette façon de juger comporte plusieurs exceptions qui trouvent leur explication dans les autres formes sous lesquelles se présentent les notions de justice et d'injustice. Par exemple, la personne qui est privée de ses droits peut (pour employer l'expression consacrée) avoir encouru la *déchéance* légale des droits dont elle est ainsi privée : c'est un cas sur lequel nous reviendrons bientôt.

Infraction à la justice morale.

Mais aussi, en second lieu, les droits légaux dont on la prive peuvent être des droits qui n'auraient jamais *dû* lui appartenir; en d'autres termes, la loi qui lui confère ces droits peut être une mauvaise loi. Quand il en est ainsi ou quand on suppose qu'il en est ainsi (ce qui revient au même pour l'objet de notre enquête), il y aura divergence entre les opinions concernant le caractère juste ou injuste de l'infraction à la loi. Quelques-uns soutiennent que le citoyen ne doit pas désobéir à la loi — si mauvaise qu'elle soit; que son opposition à la loi, s'il tient absolument à la manifester, doit se traduire seulement par l'effort qu'il pourra faire pour obtenir qu'elle soit modifiée par l'autorité compétente. Cette opinion condamne beaucoup des plus illustres bienfaiteurs de l'humanité, et assurerait souvent à des institutions pernicieuses une protection contre les seules armes qui, à l'époque où elles sont en vigueur, auraient quelque chance de réussir contre elles. Ceux qui la soutiennent la fondent sur des raisons d'intérêt [*expediency*]; principalement sur celle-ci : il est important, dans l'intérêt commun de l'humanité, de maintenir inviolé le sentiment de la soumission à la loi. Mais d'autres personnes soutiennent l'opinion absolument contraire : on peut, sans encourir de blâme, désobéir à une loi jugée mauvaise, lors même qu'elle ne serait pas jugée injuste, mais seulement inexpédiente, tandis que d'autres limiteraient la liberté de désobéir au cas des lois injustes. Mais, disent quelques-uns, toutes les lois qui sont inexpédientes sont injustes, puisque chaque loi impose quelque restriction à la liberté naturelle des hommes, et que cette restriction est une injustice à moins qu'elle ne soit imposée à ceux-ci pour leur bien et ne devienne ainsi légitime. Parmi toutes ces opinions diverses, il en est une qui semble recueillir un assentiment unanime : c'est qu'il peut y avoir des lois injustes et que la loi, par conséquent, ne peut fournir le critérium suprême de la justice; qu'elle peut accorder un avantage à telle personne, ou imposer un mal à telle autre, avantage et mal que la justice condamne. Cependant, c'est toujours pour la même raison, semble-t-il, qu'on regarde comme injuste une loi, aussi bien qu'une violation de la loi. Il s'agit, dans les deux cas, de la violation du droit de quelqu'un; ce droit, ne pouvant être dans le premier cas un droit légal, reçoit un nom différent; on l'appelle droit moral [*a moral right*]. Nous pouvons donc dire qu'une seconde forme d'injustice consiste à prendre ou à refuser à une personne ce à quoi elle a un *droit moral.*

Mérite et Démérite.

Troisièmement : on considère universellement comme juste que chaque personne obtienne (en bien ou en mal) ce qu'elle *mérite;* et injuste qu'elle obtienne un bien ou ait à supporter un mal qu'elle ne mérite pas. C'est là, peut-être, la forme la plus claire, la plus frappante, que revêt pour la plupart des gens l'idée de justice. Et puisque la notion de mérite y est impliquée, la question se pose maintenant : « Qu'est-ce qui constitue le mérite ? » Au sens le plus général, il est entendu qu'une personne mérite d'être bien traitée, lorsqu'elle agit bien [*right*], mal traitée lorsqu'elle agit mal [*wrong*]; et, dans un sens plus spécial, qu'elle mérite d'être bien traitée par ceux à qui elle fait ou a fait du bien, et mal, par ceux à qui elle fait ou a fait du mal. Le précepte de rendre le bien pour le mal n'a jamais été regardé comme relevant des exigences de la justice, mais comme une invitation à les infléchir pour obéir à d'autres considérations.

Violation des engagements pris.

Quatrièmement : de l'aveu de tous, il est injuste de *manquer à sa parole* à l'égard d'autrui, de violer un engagement, explicite ou implicite, de décevoir l'attente qu'a fait naître notre propre conduite, du moins si nous avons fait naître cette attente consciemment et volontairement. Pas plus que les autres devoirs de justice dont nous avons déjà parlé, celui-là n'est considéré comme absolu; on estime en effet qu'il peut être annulé par un devoir de justice plus impérieux en sens contraire, ou par une conduite telle, de la part de la personne intéressée, qu'on nous considère comme libérés de notre devoir à son égard, cette conduite ayant entraîné pour elle la *déchéance* de l'avantage qu'elle pouvait attendre.

Partialité.

Cinquièmement : il est universellement admis que la *partialité* est incompatible avec la justice; accorder un traitement de faveur à une personne, ou la préférer à une autre en des matières où la faveur et la préférence ne doivent pas intervenir, est injuste. L'impartialité, cependant, ne paraît pas être considérée comme un devoir en elle-même, mais plutôt comme la condition de quelque autre devoir; car on admet que la faveur et la préférence ne sont pas toujours critiquables, et, en vérité, les cas dans lesquels on les condamne sont plutôt l'exception que la règle. On serait plutôt disposé à blâmer qu'à approuver une personne qui, en matière de bons offices, ne donnerait pas la préférence à sa famille ou à ses amis sur des étrangers, lorsqu'elle le pourrait sans violer aucun autre devoir; et personne ne considère comme injuste de rechercher une personne de préférence à une autre, pour se faire un ami, ou un camarade, ou engager des relations. L'impartialité, lorsqu'il s'agit de droits, est naturellement obligatoire, mais elle est comprise alors dans l'obligation plus générale d'attribuer à chacun ce qui lui revient de droit. Un tribunal, par exemple, doit être impartial, parce que, sans avoir égard à aucune autre considération, il est tenu d'attribuer l'objet en litige à celle des deux parties qui y a droit. Il y a d'autres cas où être impartial signifie : ne se laisser influencer que par le mérite; il en est ainsi de ceux qui, en qualité de juges, précepteurs ou parents, distribuent récompenses ou punitions. Il y a aussi des cas où être impartial signifie : ne se laisser influencer que par la considération de l'intérêt public; ainsi lorsqu'on fait un choix parmi les candidats à un emploi dans une administration publique. En un mot, on peut dire que l'impartialité, comme devoir de justice, signifie : ne se laisser influencer que par les considérations dont on admet qu'elles doivent intervenir dans le cas particulier qui est en cause; et résister à la sollicitation de motifs qui pousseraient à adopter une conduite différente de celle que ces considérations dictent.

Inégalité non justifiée.

Il existe un lien étroit entre l'idée d'impartialité et celle d'*égalité;* celle-ci entre souvent comme partie composante aussi bien dans l'idée que dans la pratique de la justice, et aux yeux de bien des gens, elle constitue son essence. Mais, dans ce cas plus encore que dans aucun autre, la notion de justice varie suivant les personnes, et toujours avec l'idée qu'elles se font de l'utilité [*utility*]. Chaque personne affirme que l'égalité est une exigence de la justice, sauf dans les cas où, à son avis, l'inégalité s'impose parce qu'elle est expédiente. La justice qui consiste à accorder une égale protection aux droits de tous est défendue par des gens qui se montrent partisans de l'inégalité la plus odieuse dans les droits eux-mêmes. Même dans les pays où l'on pratique l'esclavage, il est admis théoriquement que les droits de l'esclave, tels qu'ils sont, doivent être aussi sacrés que ceux du maître; et qu'un tribunal qui ne les fait pas respecter avec une impartiale rigueur, n'est pas juste; alors qu'en même temps des institutions qui laissent à l'esclave à peine quelques droits à faire valoir ne sont pas regardées comme injustes, parce qu'elles ne sont pas regardées comme inexpédientes. Ceux qui pensent que pour des raisons d'utilité, les distinctions de rang sont nécessaires, ne regardent pas comme injuste que les richesses et les privilèges sociaux soient inégalement répartis; mais ceux qui considèrent cette inégalité comme inexpédiente pensent aussi qu'elle est injuste. Quiconque juge le gouvernement nécessaire ne considère en aucune façon comme injuste l'inégalité — si grande qu'elle soit — que l'on établit en donnant au magistrat des pouvoirs qui ne sont pas accordés aux autres personnes. Même parmi ceux qui professent des doctrines égalitaires, il y a autant de façons de poser le problème de la justice qu'il y a de façons différentes de concevoir l'expédient. Quelques communistes considèrent comme injuste que le produit du travail de la communauté soit réparti d'après un autre principe que celui d'une rigoureuse égalité; d'autres regardent comme juste qu'on attribue la plus grosse part à ceux qui ont les plus grands besoins; tandis que, selon d'autres, ceux qui travaillent davantage ou produisent davantage, ou dont les services ont plus de valeur pour la communauté sont fondés à réclamer une plus grande quote-part dans la distribution du produit [36]. Et on peut, d'une façon plausible, faire appel au sentiment de la justice naturelle en faveur de chacune de ces opinions.

La question n'est pas résolue.

En présence de tant d'emplois divers du mot justice, qui ne passe pourtant pas pour équivoque, il y a quelque difficulté à saisir le lien qui unit ces sens différents et dont dépend essentiellement le sentiment moral éveillé par le terme en question. Peut-être, dans l'embarras où nous nous trouvons, l'histoire du mot, d'après son étymologie, nous apportera-t-elle quelque lumière.

2e méthode d'investigation : Etymologie et évolution sémantique.

Conformité à la loi positive.

[Dans la plupart des langues, si ce n'est dans toutes, l'étymologie du mot qui correspond à notre mot « *just* » fait apparaître le lien que cette idée avait, à l'origine, soit avec la loi positive, soit avec ce qui fut, dans la plupart des cas, la forme primitive de la loi : la coutume qui fait autorité. *Justum* est une forme de *jussum* : ce qui est ordonné. *Jus* a la même origine. Δίκαιον vient de δίκη, dont le sens principal était, au moins aux temps historiques de la Grèce, « action en justice ». A l'origine, il est vrai, le mot signifiait seulement la façon ou la *manière* de faire les choses, mais, de bonne heure, il en vint à signifier la manière *prescrite*, celle qu'imposaient les autorités reconnues, patriarcales, judiciaires ou politiques. *Recht*, d'où sont venus *right* et *righteous*, est synonyme de loi [*law*]. Sans doute, le sens primitif de *recht* n'avait pas rapport à la loi, mais à ce qui est matériellement droit [*physical straightness*], de même que *wrong*, comme ses équivalents latins, signifiait tordu ou *tortueux* [*tortuous*]; on se fonde sur ce fait pour soutenir qu'à l'origine, en employant le mot « droit » [*right*], on n'entendait pas désigner la loi [*law*], mais qu'au contraire, en employant le mot « loi » [*law*], on entendait désigner ce qui est droit [*right*]. Quoi qu'il en soit, le fait que les mots *Recht* et *droit (en français dans le texte)*, prenant un sens plus restreint, en soient venus par la suite à désigner seulement la loi positive [*positive law*] (quoique beaucoup d'actes non exigés par la loi soient nécessaires au même degré pour atteindre à la droiture [*straightness*] ou à la rectitude [*rectitude*] morale), fait bien apparaître le caractère que présentaient primitivement les idées morales, quel qu'ait pu être le sens de la dérivation des mots. Les cours de justice [*courts of justice*], ce sont les tribunaux [*courts of law*], et l'administration de la justice, c'est l'application de la loi. La *justice*, en français, est le terme consacré pour désigner la magistrature *.] On ne peut douter, je pense, que l'idée mère, l'élément primitif dans la formation de la notion de justice, ce soit la conformité à la loi. C'était là toute l'idée de la justice chez les Hébreux jusqu'à la naissance du christianisme, ainsi qu'on pouvait l'attendre d'un peuple dont les lois s'efforçaient d'embrasser tous les sujets pour lesquels des règles sont requises et

* Le texte entre [ ] est celui de la 4e édition.
Texte de la 1re édition :
Dans la plupart des langues, si ce n'est dans toutes, l'étymologie du mot qui correspond à notre mot « *just* » fait clairement apparaître le lien que cette idée avait, à l'origine, avec les prescriptions de la loi. *Justum* est une forme de *jussum :* ce qui est ordonné. Δίκαιον vient directement de δίκη : une action en justice. *Recht*, d'où sont venus *right* et *righteous* est synonyme de loi [*law*]. La *justice*, en français, est le terme consacré pour désigner la magistrature. Je ne commets pas l'erreur, attribuée avec quelque apparence de raison à Horne Tooke *, d'admettre qu'un mot conserve toujours le même sens qu'à l'origine. L'étymologie nous renseigne mal sur l'idée aujourd'hui exprimée par le mot, mais nous renseigne de façon parfaite sur sa genèse. On ne peut douter, je pense...

* Horne Tooke, philologue et philosophe anglais (1736-1812).

qui considérait ces lois comme une émanation directe de l'Etre suprême. Mais d'autres peuples, et en particulier les Grecs et les Romains, qui savaient que leurs lois avaient été faites à l'origine, et continuaient encore à être faites, par des hommes, ne craignaient pas d'admettre que ces hommes pouvaient faire de mauvaises lois, et accomplir, sous le couvert d'une loi, et pour les mêmes motifs, les actes mêmes qui seraient qualifiés d'injustes, s'il s'agissait d'actes individuels accomplis sans protection légale.

Conformité à une loi idéale.

Et ainsi, le sentiment de l'injustice en vint à s'attacher, non plus à la violation de toutes les lois, mais seulement à la violation de celles qui *doivent* [*ought*] exister [37], en y comprenant celles qui devraient exister, mais n'existent pas; et tout aussi bien aux lois elles-mêmes, lorsqu'on les juge contraires à ce que devrait être la loi. C'est ainsi que la notion de la loi et de ses prescriptions resta prédominante dans l'idée de justice, alors même que les lois effectivement en vigueur cessaient d'être acceptées comme règles de justice.

Il est vrai que l'humanité considère l'idée de justice et les obligations qui s'y rattachent comme devant s'appliquer à bien des choses qui ne sont pas réglées et qu'on ne désire pas voir réglées par la loi. Personne ne désire que la loi intervienne dans tout le détail de la vie privée; et cependant chacun reconnaît que, dans toute sa conduite journalière, une personne peut se montrer et se montre en fait juste ou injuste. Mais, même dans ce cas, l'idée d'une infraction à ce qui devrait être la loi subsiste encore sous une forme atténuée. Il nous serait toujours agréable et notre sentiment des convenances trouverait bon que les actes que nous estimons injustes fussent punis. Cependant, nous ne jugeons pas toujours expédient d'en charger les tribunaux : nous renonçons à cette satisfaction en raison des inconvénients qui pourraient en résulter. Nous serions heureux de voir la conduite juste imposée par contrainte, et l'injustice réprimée, jusque dans leurs plus petits détails, si nous n'étions pas effrayés, et à juste titre, par la pensée de conférer au magistrat un pouvoir aussi illimité sur les individus. Quand nous pensons qu'une personne est tenue, en bonne justice, de faire une chose, nous disons — c'est une façon courante de parler — qu'on devrait la forcer à la faire. Il nous serait agréable de voir l'acte obligatoire [*the obligation*] imposé par quelqu'un qui en aurait le pouvoir. Si nous voyons qu'une telle contrainte exercée par la loi serait inexpédiente, nous déplorons cette impossibilité, nous considérons comme un mal l'impunité accordée à l'injustice et nous nous efforçons de réparer ce mal en donnant une forme énergique à notre blâme personnel et au blâme public qui sera infligé au coupable. Ainsi c'est toujours l'idée de contrainte légale qui est à l'origine de la notion de justice, encore qu'elle aît dû subir plusieurs transformations avant que cette notion prenne la forme achevée qu'elle présente dans une société de civilisation avancée.

L'exposé qui précède, pour ce qui touche à la question posée, rend compte exactement, je crois, de l'origine et du développement progressif de l'idée de justice. Mais nous devons observer qu'il ne nous a pas permis, jusqu'ici, de distinguer l'obligation de justice de l'obligation morale en général.

C'est l'obligation et la sanction punitive qui définissent la moralité prise dans son ensemble.

La vérité est, en effet, que l'idée de la sanction pénale, qui est un élément essentiel de la loi, n'est pas seulement attachée à l'idée d'injustice, mais à l'idée d'une mauvaise action [*wrong*] quelconque. Nous ne qualifions jamais une action de mauvaise sans vouloir dire que la personne qui l'a accomplie doit être punie d'une façon ou d'une autre; si ce n'est par la loi, du moins par l'opinion de ses semblables; si ce n'est par l'opinion, du moins par les reproches de sa propre conscience. Nous voici parvenus, semble-t-il, au point critique de la distinction entre la moralité et l'intérêt [*expediency*] pur et simple. Une personne peut être de plein droit contrainte d'accomplir son devoir : cette contrainte est un élément de la notion du devoir sous toutes ses formes. Le devoir est quelque chose qui peut être *exigé* d'une personne comme on exige le paiement d'une dette. Et nous n'appelons devoir que ce que l'on peut, selon nous, exiger d'elle. Pour des raisons de prudence, ou par égard pour l'intérêt [*interest*] d'autres personnes, il peut être préférable de ne pas l'exiger effectivement [*actually*]; mais il est parfaitement entendu que la personne elle-même ne serait pas en droit de se plaindre [38]. Il y a d'autres choses, au contraire, que nous souhaitons qu'on fasse, pour lesquelles nous aimons [*like*] ou admirons ceux qui les font, et, peut-être, n'aimons pas [*dislike*] ou dédaignons ceux qui ne les font pas, tout en admettant pourtant qu'ils ne sont pas tenus de les faire. Ce n'est pas un cas d'obligation morale; nous ne les blâmons pas, ce qui revient à dire que nous ne les considérons pas comme vraiment punissables [39]. Comment en arrivons-nous à posséder ces idées : mériter et ne pas mériter une punition ? C'est ce qui apparaîtra peut-être par la suite. Mais, selon moi, il n'est pas douteux que cette distinction est à la base des notions de bien moral [*right*] et de mal moral [*wrong*]. Nous qualifions une conduite de mauvaise [*wrong*], ou nous employons de préférence quelque autre terme traduisant notre antipathie [*dislike*] ou notre dédain [*disparagement*] selon que nous pensons qu'une personne doit ou ne doit pas être punie à raison de cette conduite. Et nous disons qu'il serait bien [*right*] d'agir de telle et telle façon, ou simplement que ce serait désirable ou louable, selon que nous voudrions voir la personne en cause contrainte, ou seulement persuadée ou invitée à agir ainsi [a].

Ayant ainsi défini la différence caractéristique qui distingue, non pas la justice, mais le domaine de la moralité prise dans son ensemble, des autres domaines, à savoir : celui de l'intérêt [*expediency*] et celui de l'estimable [*worthiness*], il nous reste encore à chercher le caractère qui distingue la justice des autres branches de la moralité. On sait que les moralistes divisent les devoirs moraux en deux classes désignées par les expressions mal choisies : devoirs d'obligation parfaite et devoirs d'obligation imparfaite. Ces derniers nous mettent dans l'obligation d'accomplir l'acte, mais nous laissent la liberté de choisir les occasions particulières où nous l'accomplirons; ainsi dans le cas de la charité ou de la bienfaisance, que nous sommes en vérité tenus de pratiquer, mais non pas à l'égard de telle personne déterminée, ni à un moment prescrit.

L'obligation de justice donne naissance à un droit corrélatif chez une ou plusieurs personnes déterminées. Les obligations de générosité et de bienfaisance ne donnent naissance à aucun droit.

Dans la langue plus précise de la philosophie du droit, les devoirs d'obligation parfaite sont ceux qui donnent naissance chez une ou plusieurs personnes à

a. Voyez sur ce point l'argumentation et les éclaircissements du Professeur Bain [40] dans un excellent chapitre (intitulé « Les émotions éthiques ou le sens moral ») du second des deux traités qui forment son ouvrage si consciencieux et si profond sur l'Esprit.

un *droit* corrélatif; les devoirs d'obligation imparfaite sont les obligations morales qui ne donnent naissance à aucun droit. On s'apercevra, je pense, que cette distinction coïncide exactement avec celle qui existe entre la justice et les autres obligations morales. Au cours de notre examen des divers sens courants du mot justice, ce terme nous est apparu, de façon générale, comme impliquant l'idée d'un droit personnel — d'un titre appartenant à une ou à plusieurs personnes, comme celui que donne la loi quand elle confère un droit de propriété ou un autre droit légal. Que l'injustice consiste à priver une personne de ce qui lui appartient ou à manquer à la parole qu'on lui a donnée, ou à la traiter plus mal qu'elle ne le mérite, ou plus mal que d'autres personnes qui n'ont pas des droits plus grands, tous les cas ainsi envisagés impliquent deux choses : un tort [*wrong*] causé, et une personne déterminée à qui le tort est causé. On peut aussi commettre une injustice en traitant une personne mieux que d'autres; mais en ce cas le tort est causé à des rivaux, qui sont aussi des personnes déterminées. Il me semble que le caractère essentiel que présente ce dernier cas — un droit appartenant à une personne et corrélatif à l'obligation morale — constitue la différence spécifique entre la justice et la générosité ou la bienfaisance. Le domaine de la justice comprend non seulement ce qu'il est bien [*right*] de faire et mal [*wrong*] de ne pas faire, mais aussi ce qu'une personne peut réclamer de nous en vertu de son droit moral. Mais personne n'a un droit moral à notre générosité ou à notre bienfaisance, parce que nous ne sommes pas moralement tenus de pratiquer ces vertus à l'égard d'un individu déterminé. Et, comme c'est le cas pour toute définition correcte, on s'apercevra que, pour celle-ci, les exemples qui semblent la contredire sont ceux qui la confirment le mieux. En effet, le moraliste qui essaie d'établir, comme certains l'ont fait, que c'est l'humanité, prise dans son ensemble, quand ce n'est pas un individu déterminé, qui a droit à tout le bien que nous pouvons lui faire, fait passer d'emblée, en défendant cette thèse, la générosité et la bienfaisance dans la catégorie de la justice. Il est bien obligé de dire que nos efforts, dans toute la mesure possible, sont *dus* à nos semblables, assimilant ainsi ces efforts à une dette ; ou encore que nous ne pouvons moins faire, en *retour* de ce que la société fait pour nous, les rangeant ainsi parmi les actes de gratitude ; or, dette et gratitude — on en convient — relèvent de la justice. Partout où il y a un droit, c'est à la justice qu'on a affaire et non à la vertu de bienfaisance. Et ceux qui ne placent pas la distinction entre la justice et la moralité prise dans son ensemble là où nous venons de la placer — on pourra le constater — ne font aucune distinction entre elles ; la justice, pour eux, absorbe toute la moralité.

CONCLUSION DE L'ENQUÊTE. GENÈSE DU SENTIMENT DE LA JUSTICE ET DU DROIT

Ayant ainsi déterminé, autant que nous l'avons pu, les éléments distinctifs qui entrent dans la composition de l'idée de justice, nous voilà prêts à rechercher si le sentiment qui accompagne l'idée lui est uni par une faveur spéciale de la nature, ou s'il a pu se développer en vertu de certaines lois connues, en dehors de l'idée elle-même ; et, en particulier, s'il a pu naître de considérations relatives à l'intérêt général [*general expediency*].

Je crois que le sentiment lui-même ne tire son origine de rien de ce qu'on appellerait communément, ou du moins correctement, une considération [*an idea*] d'intérêt [*expediency*] ; mais que, si le sentiment n'en vient pas, ce qu'il y a de moral en lui en vient.

Deux éléments : le désir de punir et l'existence d'une personne lésée.

Nous avons vu que le sentiment de la justice comprend deux éléments essentiels : on désire punir la personne qui a causé un préjudice; et on sait ou on croit qu'il y a un ou plusieurs individus déterminés à qui ce préjudice a été causé.

Le désir de punir naît de deux sentiments instinctifs : le besoin de se défendre et la sympathie.

Or, il me paraît évident que le désir de punir la personne qui a causé un préjudice à quelqu'un naît spontanément de deux sentiments; tous deux naturels au plus haut degré et qui sont des instincts ou analogues à des instincts : le sentiment qui nous pousse [*the impulse*] à nous défendre, et le sentiment [*the feeling*] de la sympathie.

Il est naturel que nous soyons irrités par le mal fait ou tenté contre nous-mêmes ou contre ceux avec qui nous sympathisons; il est naturel que nous le repoussions, que nous le rendions. Il n'est pas nécessaire de discuter ici l'origine de ce sentiment [*sentiment*]. Qu'il soit un instinct ou un produit de l'intelligence, il est commun, nous le savons, à tout le règne animal; car tout animal essaie de faire du mal à ceux qui ont fait du mal, ou qu'il croit être sur le point d'en faire, à lui-même ou à ses petits. Les hommes, à cet égard, ne diffèrent des autres animaux que sur deux points. En premier lieu, alors que ceux-ci ne sont capables de sympathiser qu'avec leur progéniture, ou, comme il arrive à quelques-uns des animaux les plus élevés, avec un animal supérieur qui se montre bon pour eux, l'homme peut sympathiser avec tous les êtres humains et même avec tous les êtres pourvus de sensibilité. En second lieu, ils possèdent une intelligence plus développée qui ouvre un champ plus étendu à l'ensemble de leurs sentiments, qu'ils relèvent de l'égoïsme ou de la sympathie. Grâce à son intelligence supérieure, sans parler même de la portée supérieure de ses sentiments sympathiques, un être humain est capable de saisir entre lui-même et la société humaine à laquelle il appartient, une communauté d'intérêts en vertu de laquelle toute conduite qui menace la sécurité de la société prise dans son ensemble menace la sienne propre et éveille son instinct (à supposer que ce soit un instinct) de défense personnelle. Cette même supériorité d'intelligence, jointe au pouvoir de sympathiser avec les êtres humains en général, le rend capable de s'attacher si fortement à l'idée de sa tribu, de son pays ou de l'humanité, comme collectivité, que tout acte qui leur est nuisible éveille sa disposition instinctive à la sympathie et le pousse à la résistance.

Le sentiment de la justice, envisagé dans l'un de ses éléments, le désir de punir, est donc, selon moi, le sentiment [*feeling*] naturel de la revanche ou de la vengeance, rendu applicable par l'intelligence et la sympathie aux dommages, c'est-à-dire aux maux, qui nous blessent par l'intermédiaire de la société au sens large du mot, ou en même temps qu'elle.

C'est l'élargissement de la sympathie qui donne à ce sentiment son caractère moral.

Dans ce sentiment pris en lui-même, il n'y a rien de moral; ce qui est moral, c'est qu'il soit au service exclusif des sympathies sociales, qu'il obéisse à leurs ordres et se rende à leur appel. Car le sentiment naturel nous dresserait indistinctement contre tout ce que la conduite d'autrui pourrait avoir de désagréable pour nous; mais quand il prend, sous l'influence du sentiment social, un caractère moral, il agit uniquement dans un sens conforme au bien général : des personnes justes sont indignées par le mal fait à la société, quoique par ailleurs ce mal ne les atteigne pas elles-mêmes, et ne le sont pas par le mal qu'on leur fait à elles-mêmes, si grave qu'il soit, s'il n'est pas de ceux que la société a le même intérêt qu'elles à réprimer.

On pourrait dire ceci, à l'encontre de notre théorie : lorsque nous prenons conscience de l'outrage fait à notre sentiment de la justice, nous ne pensons pas à la société en général, ou à aucun intérêt collectif, mais seulement à notre cas personnel. L'objection est sans valeur. Que nous éprouvions du ressentiment quand on nous a fait souffrir, et dans ce cas seulement, c'est chose certainement assez courante, quoique regrettable; mais une personne dont le ressentiment est réellement un sentiment moral, c'est-à-dire qui examine si l'acte est blâmable avant de se permettre d'en concevoir du ressentiment, une telle personne, quoiqu'elle puisse ne pas se dire expressément qu'elle défend l'intérêt de la société, sent certainement qu'elle met en pratique une règle qui est avantageuse aux autres aussi bien qu'à elle-même. Si elle ne le sent pas — si elle ne considère dans l'acte que ce qui l'affecte personnellement — elle n'a pas conscience d'être juste; elle ne se préoccupe pas de la justice de ses propres actes. Ceci est admis par les moralistes anti-utilitaristes eux-mêmes. Lorsque Kant (ainsi que j'en ai déjà fait la remarque) propose comme principe fondamental de la morale : « Agis de telle sorte que ta règle de conduite puisse être adoptée comme loi par tous les êtres raisonnables », il reconnaît virtuellement que l'intérêt de l'humanité envisagée collectivement, ou tout au moins de l'humanité envisagée sans distinction de personnes, doit être présent à l'esprit de l'agent quand il juge en conscience de la moralité de l'acte.

Autrement, Kant aurait employé des mots sans aucun sens : car on ne peut soutenir de façon plausible qu'une règle, fût-elle de parfait égoïsme, ne *puisse absolument pas* être adoptée par tous les êtres raisonnables, ou que la nature des choses oppose un obstacle insurmontable à son adoption. Pour donner un sens au principe de Kant, il faut l'interpréter ainsi : nous devons diriger notre conduite d'après une règle que tous les êtres raisonnables puissent adopter *avec avantage pour leur intérêt* [*collectif*] *.

Récapitulation.

Récapitulons. L'idée de justice suppose deux choses : une règle de conduite et un sentiment qui assure le respect [*sanctions*] de la règle. Nous devons admettre que la première est commune à toute l'humanité et tend à son bien. L'autre (le sentiment) est le désir de voir infliger une punition à ceux qui violent la règle. Cela implique, en outre, la notion d'une personne déterminée à qui l'infraction cause une souffrance, et dont elle viole les droits (pour employer l'expression qui convient en pareil cas). Et le sentiment de la justice m'apparaît comme étant le désir animal de repousser ou de rendre le mal ou le dommage causé à soi-même ou à ceux avec lesquels on sympathise, étendu, et par la capacité que possède l'humanité d'élargir sa sympathie, et par la conception humaine d'un égoïsme intelligent, jusqu'à comprendre tous les êtres humains. [C'est à ces derniers éléments que le sentiment doit son caractère moral; et c'est au premier qu'il doit le pouvoir émotionnel qui lui est propre et la force avec laquelle il s'impose à nous **.]

* Texte de la 4e éd. Le dernier mot ne figure pas dans la 1re.
** Texte de la 4e éd. La dernière phrase ne figure pas dans la 1re.

L'idée de droit est un simple aspect de l'idée de justice.

Au cours de tout mon exposé, j'ai considéré l'idée du *droit* appartenant à la personne lésée, et violé par le dommage causé, non pas comme un élément distinct dans l'ensemble complexe que forment l'idée et le sentiment de la justice, mais comme l'un des aspects que revêtent les deux autres éléments. Ces éléments sont, d'une part, un dommage causé à une ou à plusieurs personnes déterminées, et d'autre part l'exigence d'une punition. Un retour sur nous-mêmes nous convaincra, je crois, que ces deux choses comprennent tout ce que nous voulons dire quand nous parlons de la violation d'un droit. Quand nous parlons du droit d'une personne sur une chose, nous voulons dire que cette personne est fondée [*has a valid claim*] à exiger de la société qu'elle la protège et la maintienne en possession de cette chose, soit par la force de la loi, soit par celle de l'éducation et de l'opinion. Si, pour obtenir la garantie de possession accordée par la société, elle a un titre considéré par nous comme suffisant, à quelque égard que ce soit, nous disons qu'elle a droit à cette chose. Si nous désirons prouver qu'une chose ne lui appartient pas de droit, nous pensons que la preuve est faite dès qu'il est admis que la société n'a pas à prendre de mesures pour lui assurer cette chose, et que cette personne ne doit compter que sur sa chance et sur ses efforts personnels. Ainsi on dit qu'une personne a droit à ce qu'elle peut gagner par une concurrence loyale dans sa profession, parce que la société ne doit pas permettre à quelque autre personne que ce soit de mettre obstacle à ses efforts pour gagner de cette façon autant qu'elle le peut. Mais elle n'a pas droit à trois cents livres par an, quoiqu'il puisse lui arriver de les gagner; car la société n'est pas obligée de lui faire gagner cette somme. Au contraire, si elle possède un capital de dix mille livres en fonds d'Etat à trois pour cent, elle *a droit* à trois cents livres par an; car la société a assumé l'obligation de lui fournir ce chiffre de revenu.

Avoir un droit, c'est avoir quelque chose dont la société doit garantir la possession, en vue de l'utilité générale.

Avoir un droit, c'est donc, selon moi, avoir quelque chose dont la société doit me garantir la possession. Si quelque contradicteur insiste et demande pourquoi elle le doit, je ne puis lui en donner d'autre raison que l'utilité générale. Et si ces mots ne semblent pas traduire assez pour nous l'impression [*feeling*] d'une obligation rigoureuse, ni justifier la force particulière de cette impression, c'est qu'il entre dans la composition du sentiment [de la justice] non pas seulement un élément rationnel, mais aussi un élément animal, la soif de représailles; et cette soif tire son intensité aussi bien que sa justification morale du genre d'utilité extraordinairement important et émouvant auquel elle correspond.

Le sentiment du droit tient son caractère particulier du genre d'utilité auquel il correspond : la sécurité personnelle.

L'intérêt en question est celui de la sécurité, le plus vital de tous les intérêts, comme chacun le sent bien. Tous les autres biens de la terre, nécessaires à l'un, ne le sont pas à l'autre; et beaucoup de ces biens peuvent, s'il le faut, être sacrifiés de bon cœur ou remplacés par d'autres. Mais aucun être humain ne peut se passer de sécurité; c'est elle qui nous permet de nous préserver du mal, et de donner leur pleine valeur à tous les biens et à chaque bien, au-delà du moment qui passe. Car nous ne pourrions attacher de prix qu'au plaisir de l'instant, si nous risquions, à l'instant suivant, d'être dépouillés de tout ce que nous possédons par quiconque serait momentanément plus fort que nous. Or, cette sécurité, qui est la plus indispensable des nécessités, après la nourriture matérielle, on ne peut l'obtenir que si les moyens mis en œuvre pour l'assurer agissent vivement et sans relâche. Et ainsi, lorsque nous exigeons de nos semblables qu'ils unissent leurs efforts pour nous conserver ce qui est le fondement même de notre existence, l'idée que nous nous faisons d'une telle exigence s'accompagne de sentiments extrêmements forts. Tellement plus forts en comparaison de ceux qui correspondent à des intérêts plus ordinaires [*more common cases of utility*], que la différence de degré (comme il arrive souvent dans la vie psychologique) devient une véritable différence de nature. Cette exigence revêt un caractère inconditionnel, paraît illimitée et sans commune mesure avec quelque autre considération que ce soit ; et c'est précisément par ces caractères que le sentiment du bien moral [*right*] et du mal moral [*wrong*] se distingue du sentiment de ce qui est dans la vie de tous les jours expédient ou inexpédient. Les sentiments en question sont si puissants, et nous comptons si fermement trouver chez les autres un sentiment qui réponde au nôtre (tous y étant semblablement intéressés) que le *on devrait* [*ought*] et le *il faudrait* [*should*] deviennent progressivement *il faut* [*must*] ; ce qui est reconnu indispensable devient une nécessité morale qui est analogue à la nécessité physique, et qui souvent ne lui cède en rien en force contraignante.

Le critérium de l'utilité est le seul qui puisse mettre fin aux controverses sur le droit et la justice. Quelques exemples.

Si l'analyse précédente, ou quelque autre analogue, ne donne pas une explication correcte de l'idée de justice; si la justice est absolument indépendante de l'utilité, si c'est un principe *per se* que l'esprit peut reconnaître par simple introspection, il est difficile de comprendre pourquoi cet oracle intérieur est si ambigu, et pourquoi tant de choses apparaissent tantôt comme justes, tantôt comme injustes, selon le jour sous lequel on les considère.

On nous avertit sans cesse que l'utilité est un critérium incertain, qui donne lieu chez des personnes différentes à des interprétations différentes et qu'on ne trouve de sécurité que dans les décrets immuables, ineffaçables et sans équivoques de la justice, lesquels portent leur justification en eux-mêmes et sont indépendants des fluctuations de l'opinion. On pourrait supposer d'après cela que, sur les questions concernant la justice, il ne saurait y avoir de controverse; que, si nous adoptons cette thèse comme règle, son application à un cas donné quelconque ne devrait pas nous laisser plus de doute qu'une démonstration mathématique. Tant s'en faut qu'il en soit ainsi! Il y a autant de différences d'opinion et autant de discussions sur ce qui est juste que sur ce qui est utile à la société. Non seulement des nations et des individus différents ont des notions différentes de la justice, mais, dans l'esprit d'un seul et même individu, la justice, ce n'est pas une règle, un principe, une maxime unique, mais plusieurs, qui ne commandent pas toujours les mêmes choses; et l'individu, pour choisir entre elles, est guidé, soit par quelque critérium étranger, soit par ses prédilections personnelles.

Le droit de punir :

Ainsi, selon certains, il est injuste de punir quelqu'un pour servir d'exemple aux autres; la punition n'est juste que si elle est infligée pour le bien de celui qui la subit. D'autres défendent une thèse absolument contraire. Ils soutiennent que c'est despotisme et injustice de punir, dans leur intérêt, des gens qui ont atteint l'âge de raison, car, s'il n'est question que de leur bien propre, personne n'a le droit d'exercer un contrôle sur leur façon de le concevoir; mais ils estiment qu'on peut, en toute justice, les punir pour prévenir les méfaits des autres, ceci étant l'exercice du droit moral de défense personnelle. D'autre part, Mr Owen[41] affirme qu'il est injuste d'infliger la moindre punition; car le criminel n'a pas fait son propre caractère ; c'est son éducation, ce sont les circonstances qu'il a rencontrées, qui ont fait de lui un criminel, et de tout cela il n'est pas responsable. Toutes ces opinions sont parfaitement plausibles; et aussi longtemps qu'on discutera sur la question en la considérant simplement comme une question de justice, sans aller jusqu'aux principes sur lesquels repose la justice et qui sont la source de son autorité, je suis incapable de voir comment on pourrait réfuter aucun de ces raisonnements. Car, en vérité, chacun des trois s'appuie sur des règles de justice unanimement reconnues comme vraies. On reconnaît comme injuste, allègue le premier, de choisir dans la masse un individu, et de l'immoler, sans son consentement, au profit des autres. On reconnaît comme justes, déclare le second, les actes de légitime défense, et on tient pour injuste de contraindre quelqu'un à conformer ses opinions à celles d'autrui sur ce qui constitue son bien propre. Le partisan d'Owen invoque le principe reconnu, selon lequel il est injuste de punir une personne pour ce qu'elle ne peut s'empêcher de faire. Chacune de ces argumentations triomphe, aussi longtemps que son défenseur n'est pas contraint de prendre en considération d'autres maximes de justice que celle qu'il a choisie, mais aussitôt que leurs différentes maximes sont confrontées, chacun des antagonistes semble avoir à dire, pour sa défense, tout juste autant que les autres. Aucun d'eux ne peut mettre au jour sa propre conception de la justice sans fouler aux pieds une autre conception ayant le même caractère obligatoire. Telles sont les difficultés. On les a toujours reconnues comme telles, et on a imaginé bien des expédients, mais pour les tourner plutôt que pour les surmonter. Pour écarter la dernière des trois théories, les hommes ont imaginé ce qu'ils ont appelé la liberté de la volonté; se figurant qu'ils ne pourraient justifier la punition infligée à un homme dont la volonté est dans un état tout à fait haïssable qu'en supposant qu'il est arrivé à cet état sans subir l'influence d'aucune des circonstances antérieures. Pour se tirer des autres difficultés, l'invention favorite a été la fiction d'un contrat aux termes duquel, à une époque inconnue, tous les membres de la société se seraient engagés à obéir aux lois, et auraient consenti à être punis s'ils y désobéissaient, conférant ainsi à leurs législateurs le droit, qu'on suppose qu'ils n'auraient pas eu sans cela, de les punir, soit pour leur propre bien, soit pour celui de la société.

Cette heureuse trouvaille était considérée comme propre à lever toutes les difficultés et à légitimer les peines en vertu d'une autre maxime de justice reçue : *Volenti non fit injuria;* ce qui est fait avec le consentement de la personne qu'on suppose lésée par l'acte en question n'est pas injuste. J'ai à peine besoin de faire remarquer que, même si ce consentement n'était pas pure fiction, cette maxime n'a pas plus d'autorité que celle qu'elle est destinée à remplacer. Tout au contraire c'est un spécimen édifiant de la façon empirique et peu rigoureuse dont se forment les prétendus principes de la justice. Ce dernier principe, en particulier, a été évidemment adopté pour répondre aux exigences sommaires des cours de justice qui doivent parfois se contenter de présomptions très incertaines en considération des maux plus graves qui naîtraient d'une tentative faite pour serrer les choses de plus près. Mais les cours de justice elles-mêmes ne peuvent adhérer à cette maxime sans se contredire, car elles admettent que des engagements volontaires peuvent être annulés, s'ils ont été contractés par l'effet de la ruse et parfois par suite d'une simple erreur ou d'une fausse information.

En outre, la légitimité des peines une fois admise, que de conceptions divergentes de la justice on voit apparaître quand on en vient à discuter sur le rapport à établir entre les délits et les peines! Il n'y a pas de règle, en la matière, qui se recommande plus fortement au sentiment primitif et spontané de la justice que la *lex talionis :* œil pour œil et dent pour dent. Quoique ce principe, qui appartient à la loi juive et à la loi mahométane, ait été généralement abandonné en Europe comme maxime pratique, je soupçonne que la plupart des esprits conservent pour lui une secrète passion et quand, accidentellement, le châtiment qui frappe un délinquant prend cette forme précise, la satisfaction générale qui se manifeste montre à quel point est naturel le sentiment qui nous fait bien accueillir ce dédommagement en nature. Pour beaucoup de gens, la justice parfaite en matière pénale exigerait que la punition fût proportionnée au délit; c'est-à-dire qu'elle fût exactement à la mesure de la culpabilité morale du délinquant (quel que soit l'étalon qu'ils adoptent pour mesurer la culpabilité morale). D'après eux, la question de savoir quel degré de peine est nécessaire pour détourner du délit, n'a rien à voir avec la justice; tandis que pour d'autres, cette considération est la seule qui compte. Ces derniers soutiennent qu'il n'est pas juste, du moins pour l'homme, d'infliger à un de ses semblables, quelles que puissent être ses fautes, une quantité de souffrance supérieure à celle qui serait juste suffisante pour l'empêcher de récidiver et pour détourner les autres d'imiter son inconduite.

La rémunération du travail.

Empruntons un autre exemple à un ordre de questions que nous avons déjà abordé. Dans une société coopérative de production, est-il juste ou non que le talent ou l'habileté donnent droit à une rémunération plus élevée ? Ceux qui répondent négativement à la question font valoir l'argument suivant : celui qui fait ce qu'il peut a le même mérite et ne doit pas, en toute justice, être placé dans une position d'infériorité s'il n'y a pas faute de sa part; les aptitudes supérieures constituent déjà des avantages plus que suffisants, par l'admiration qu'elles excitent, par l'influence personnelle qu'elles procurent, par les sources intimes de satisfaction qu'elles réservent, sans qu'il faille y ajouter une part supérieure des biens de ce monde; et la société est tenue, en toute justice, d'accorder une compensation aux moins favorisés, en raison de cette inégalité injustifiée d'avantages plutôt que de l'aggraver encore. A l'inverse, les autres disent : la société reçoit davantage du travailleur dont le rendement est supérieur; ses services étant plus utiles, la société doit les rémunérer plus largement; une part plus grande dans le produit du travail collectif est bel et bien son œuvre; la lui refuser quand il la réclame, c'est une sorte de brigandage. S'il doit seulement recevoir autant que les autres, on peut seulement exiger de lui, en toute justice, qu'il produise juste autant, et qu'il ne donne qu'une quantité moindre de son temps et de ses efforts, compte tenu de son rendement supérieur. Qui décidera entre ces appels à des principes de justice divergents ? La justice, dans le cas en question, présente deux faces entre lesquelles il est impossible d'établir l'harmonie, et les deux adversaires ont choisi les deux faces opposées; ce qui préoccupe l'un, c'est de déterminer, en toute justice, ce que l'individu doit recevoir; ce qui préoccupe l'autre, c'est de déterminer, en toute justice, ce que la société doit donner. Chacun des deux, du point de vue où il s'est placé, est irréfutable et le choix entre ces points de vue, pour des raisons relevant de la justice, ne peut qu'être absolument arbitraire. C'est l'utilité sociale seule qui permet de décider entre l'un et l'autre.

La répartition des impôts.

Que de règles de justice encore, et combien inconciliables, auxquelles on se réfère quand on discute la répartition des impôts! Les uns sont d'avis que le versement fait à l'Etat soit proportionnel aux moyens pécuniaires du contribuable. Selon d'autres, la justice exige ce qu'ils appellent un impôt progressif : un pourcentage plus élevé doit être imposé à ceux qui peuvent épargner davantage. Du point de vue de la justice naturelle, on pourrait présenter un plaidoyer fortement charpenté en faveur de la thèse suivante : il faut renoncer à tenir aucun compte des moyens pécuniaires et exiger de tous (quand la chose est possible) le paiement de la même somme; ainsi les membres d'un mess ou d'un club paient tous la même somme pour obtenir les mêmes avantages, qu'ils aient ou non pour la payer les mêmes facilités. Puisque la protection de la loi et du gouvernement (pourrait-on dire) est assurée à tous et que tous la réclament également, il n'y a aucune injustice à la faire payer par tous au même prix. On considère comme une chose juste et non comme une injustice qu'un marchand fasse payer le même prix à tous ses clients pour le même article, et non pas un prix qui varierait avec leurs ressources. Cette théorie, appliquée à l'impôt, ne trouve pas d'avocats, parce qu'elle est en trop forte opposition avec nos sentiments d'humanité et notre sentiment de l'intérêt social; mais le principe de justice qu'elle invoque est aussi vrai et aussi obligatoire que ceux qu'on peut lui opposer. Et ainsi, il exerce une influence implicite sur les moyens de défense employés en faveur d'autres modes de répartition des impôts. On se sent obligé de montrer que l'Etat fait plus pour le riche que pour le pauvre, quand on veut justifier la contribution supérieure exigée du riche : et pourtant, cela, en réalité, n'est pas vrai, car les riches seraient beaucoup plus capables de se protéger eux-mêmes en l'absence de loi ou de gouvernement, que les pauvres, et, même, à la vérité, réussiraient probablement à réduire ceux-ci en esclavage. D'autres encore vont si loin dans leur attachement à ce même principe de justice qu'ils soutiennent que tous devraient acquitter un impôt personnel égal pour la protection de leurs personnes (celles-ci ayant pour tous une égale valeur) et un impôt inégal pour la protection de leurs biens (qui sont inégaux). A cela d'autres répondent que l'ensemble des biens d'un homme a autant de valeur pour lui que l'ensemble des biens d'un autre. Il n'y a pas d'autre moyen d'échapper à ces confusions que de faire appel à l'utilitarisme.

Nécessité de bien distinguer le juste et l'expédient.

La différence que l'on fait entre le juste et l'expédient est-elle donc purement imaginaire ? L'humanité s'est-elle trompée en considérant que la justice est

chose plus sacrée que l'habileté [*policy*] et que l'on ne doit écouter les conseils de la seconde qu'après avoir satisfait aux exigences de la première ? Nullement. Dans mon exposé sur la nature et l'origine du sentiment de la justice, j'ai reconnu qu'il y a une différence réelle entre les deux notions; et aucun de ceux qui professent le plus sublime dédain à l'égard des conséquences de nos actes considérées comme un élément 42
de leur moralité n'attache plus d'importance que moi à cette distinction.

Utilité supérieure des règles de justice.

C'est par leur observation seule que la paix se maintient entre les hommes.

Tout en combattant les prétentions des théories qui admettent un principe imaginaire de justice non fondé sur l'utilité, j'estime que la pratique de la justice fondée sur l'utilité est la partie maîtresse, la partie incomparablement la plus sacrée et la plus obligatoire de toute la moralité. Le mot justice désigne certaines catégories de règles morales qui touchent de plus près aux conditions essentielles du bien-être humain et sont par suite plus rigoureusement obligatoires que toutes les autres règles pour la conduite de la vie. Et la notion d'un droit appartenant à l'individu, qui nous est apparue comme un élément essentiel de l'idée de justice, présente implicitement ce caractère d'obligation plus rigoureuse et en porte témoignage.

Les règles morales qui interdisent aux hommes de se nuire les uns aux autres (et n'oublions jamais d'y inclure l'empiètement immoral de la liberté individuelle sur celle d'autrui) sont d'un intérêt plus vital pour le bien-être humain que les maximes, si importantes qu'elles puissent être, qui indiquent seulement la meilleure façon d'administrer quelque branche des affaires humaines. Elles ont aussi ce caractère particulier d'être l'élément essentiel qui donne une forme déterminée à l'ensemble des sentiments sociaux de l'humanité. C'est par leur observation seule que la paix se maintient entre les êtres humains : si l'obéissance à ces lois n'était pas la règle, et la désobéissance l'exception, chaque individu verrait dans chaque autre un ennemi, contre lequel il devrait se mettre perpétuellement en garde. Et, ce qui est à peine moins important, ces préceptes sont ceux que les hommes ont les motifs les plus forts et les plus directs de vouloir s'inculquer réciproquement. Par de simples exhortations ou de simples conseils réciproques de prudence, ils peuvent en effet ne rien gagner — du moins le croient-ils; l'intérêt qu'ils ont à s'inculquer les uns aux autres le devoir de bienfaisance positive est incontestable, mais bien moindre, car il se peut que nous n'ayons pas besoin des bienfaits des autres. Mais nous avons toujours besoin qu'ils ne nous nuisent pas.

Ainsi les règles morales qui préservent chaque individu du mal que pourraient lui faire les autres, soit directement soit en l'empêchant de poursuivre librement son propre avantage, sont celles qui lui tiennent le plus à cœur et en même temps celles auxquelles il a le plus grand intérêt à donner cours et crédit par la parole et par l'action. C'est à sa façon d'observer ces règles qu'on peut juger et décider de l'aptitude d'une personne à faire partie de la communauté des êtres humains; car de cela dépend qu'elle soit ou non un fléau pour ceux avec qui elle est en contact. Or, ce sont ces règles-là qui sont à la base des devoirs de justice. Ainsi, les cas d'injustice les plus saillants et ceux qui provoquent avec le plus d'intensité l'impression de répugnance caractéristique du sentiment de l'injustice, sont les actes d'agression injustifiés, ou l'abus de pouvoir sur autrui; ensuite viennent les actes qui consistent dans le refus arbitraire de remettre à quelqu'un ce qui lui est dû; dans les deux cas, on cause à une personne un dommage positif, soit qu'on lui inflige directement une souffrance, soit qu'on la prive de quelque avantage sur lequel elle avait un motif raisonnable, d'ordre physique ou social, de compter.

Les principales règles de justice.

Principe fondamental : Rendre le mal pour le mal et le bien pour le bien.

Les mêmes puissants motifs qui nous font obéir à ces règles morales fondamentales nous commandent aussi de punir ceux qui les violent : et, comme les sentiments qui nous poussent à la défense personnelle, à la défense d'autrui et à la vengeance, sont tous excités et nous dressent contre les coupables, l'idée de châtiment, l'idéal du mal à rendre pour le mal, se lie étroitement au sentiment [*sentiment*] de la justice et se trouve toujours comprise dans l'idée qu'on en a. Rendre le bien pour le bien est aussi une des exigences de la justice; mais cette exigence, quoique son utilité sociale soit évidente, quoiqu'elle réponde à un sentiment naturel de l'homme, n'a pas, à première vue, de lien manifeste avec un dommage causé ou un préjudice; or, c'est ce lien, lorsqu'il s'offre à nous dans les cas les plus simples d'actions justes ou injustes, qui explique l'intensité caractéristique du sentiment de la justice. Cependant, la connexion, quoique moins manifeste, n'en est pas moins réelle.

1er corollaire : Ne pas décevoir l'attente qu'on a fait naître.

Celui qui accepte des bienfaits, et se refuse à payer de retour son bienfaiteur en cas de besoin, inflige un dommage réel, en décevant l'une des attentes les plus naturelles et les plus raisonnables, attente qu'il doit avoir, au moins tacitement, encouragée, car sans cela il aurait rarement obtenu des bienfaits. Décevoir l'attente qu'on a fait naître, c'est, parmi les maux et les préjudices qui peuvent être causés, l'un de ceux qu'on place en première ligne ; et, ce qui le montre bien, c'est le fait que l'attente frustrée constitue l'essentiel de la faute dans les deux actes particulièrement immoraux que sont la trahison de l'amitié et le manquement à la promesse faite. Il est peu de maux plus grands, il n'est pas de blessure plus cruelle pour un être humain, que celle qu'il reçoit lorsqu'un ami sur qui il avait l'habitude de compter avec une certitude absolue l'abandonne à l'heure du besoin ; et il y a peu de fautes plus graves que celle-là, qui consiste simplement à refuser de faire le bien ; rien n'excite plus le ressentiment, soit de la part de la personne qui subit le mal, soit de la part du spectateur qui sympathise. Ainsi, le principe d'après lequel il faut donner à chacun ce qu'il mérite, c'est-à-dire le bien pour le bien et le mal pour le mal, n'est pas seulement compris dans l'idée de la justice telle que nous l'avons définie, mais est aussi par excellence l'objet de ce sentiment intense qui place le juste, dans l'estime des hommes, au-dessus du simple expédient.

Autres applications :

La plupart des maximes de justice courantes et auxquelles on fait communément appel dans les affaires de ce monde sont simplement des moyens de faire passer dans la pratique les principes de justice dont nous venons de parler. Dire qu'une personne n'est responsable que de ce qu'elle a fait volontairement ou aurait pu volontairement éviter; qu'il est injuste de condamner quelqu'un sans l'avoir entendu; que la peine doit être proportionnée à la faute, et autres maximes du même genre, c'est vouloir empêcher que le principe juste : rendre le mal pour le mal, ne soit détourné de son but, et qu'on en arrive à infliger le mal de façon injustifiée. La plupart de ces maximes courantes sont empruntées à la procédure des cours de justice. Celles-ci ont été naturellement amenées à connaître et à élaborer plus complètement que les premiers venus n'auraient sans doute eu l'idée de le faire les règles qui leur étaient nécessaires pour l'accomplissement de leur double fonction : infliger la peine requise et attribuer à chacun ce qui lui revient de droit.

2e corollaire : Etre impartial et n'admettre aucune inégalité injustifiée.

L'impartialité, cette première des vertus du magistrat, est un devoir de justice en partie pour la raison qui vient d'être indiquée : elle est une condition nécessaire de l'accomplissement des [autres] devoirs de justice. Mais ceci ne suffit pas à expliquer la très haute place qui est assignée, parmi les obligations de l'humanité, à ces maximes d'égalité et d'impartialité qui, aussi bien au jugement populaire qu'au jugement des hommes les plus éclairés, sont comprises parmi les préceptes de justice. D'un certain point de vue, elles peuvent être considérées comme des corollaires des principes déjà posés. Si c'est un devoir de traiter chacun selon ses mérites, rendant le bien pour le bien, et réprimant le mal par le mal, il s'ensuit nécessairement que nous devons traiter également bien (quand aucun devoir supérieur ne l'interdit) tous ceux qui ont également bien mérité de *nous*, et que la société doit traiter également bien tous ceux qui ont également bien mérité d'elle, c'est-à-dire tous ceux qui ont, de façon absolue, le même mérite. C'est là le principe abstrait le plus élevé de la justice sociale et distributive; c'est vers cet idéal que doivent converger jusqu'à la limite du possible toutes les institutions et les efforts des citoyens vertueux. Mais ce grand devoir moral repose sur un fondement encore plus profond; il émane directement du premier principe de la morale et n'est pas simplement un corollaire logique de propositions secondaires ou dérivées. Il est compris dans la signification même du mot utilité ou dans le principe du plus grand bonheur. Ce principe n'est qu'une suite de mots dépourvue de sens raisonnable, s'il n'oblige pas à compter exactement pour autant le bonheur d'une personne et celui d'une autre, supposés de même degré, et compte tenu de leur nature dans la mesure convenable. Ces conditions étant remplies, la maxime [*dictum*] de Bentham : « Chacun doit compter pour un, personne pour plus d'un » pourrait figurer au-dessous du principe d'utilité comme commentaire explicatif [a].

a. Selon M. Herbert Spencer [43] (dans sa *Social Statics*) le fait que le principe suprême du système utilitariste implique une parfaite impartialité entre les personnes réduirait à néant la prétention à faire de l'utilité un guide suffisant pour l'action morale [*to right*]; car, dit-il, le principe d'utilité présuppose le principe antérieur que tous ont un droit égal au bonheur. Peut-être serait-il plus exact de dire qu'il suppose l'affirmation suivante : « d'égales quantités [*amounts*] de bonheur sont également désirables, que ce bonheur soit celui d'une seule et même personne ou de personnes différentes ». Ce n'est pas là d'ailleurs une *présupposition;* ce n'est pas une prémisse nécessaire pour fonder le principe d'utilité, c'est le principe lui-même; car que signifie le principe d'utilité, sinon que le « bonheur » et le « désirable » sont des termes synonymes ? Si ce principe en implique un autre antérieur, ce ne peut être que celui-ci : « Les

Tous les hommes, étant également fondés à réclamer le bonheur, sont également fondés par là même, et de l'avis du moraliste et du législateur, à réclamer tous les moyens de l'atteindre, mais seulement dans les limites qu'imposent à la maxime les exigences inévitables de la vie humaine et l'intérêt général, dans lequel est compris celui de chaque individu; ces limites doivent être d'ailleurs strictement tracées. Il en est de cette maxime comme de toutes les autres maximes de jus-

vérités de l'arithmétique sont applicables à l'estimation [*valuation*] du bonheur comme à celle de toutes les autres quantités mesurables [44]. »

[Mr. Herbert Spencer, dans une communication personnelle au sujet de la note précédente, refuse d'être considéré comme un adversaire de l'utilitarisme et déclare qu'il regarde le bonheur comme la fin dernière de la moralité; mais il pense que cette fin ne peut être que partiellement atteinte par le moyen de propositions générales résultant de l'observation des conséquences de la conduite; qu'il faut, pour l'atteindre complètement, déterminer, par voie déductive, à partir des lois de la vie et des conditions de l'existence, quelles sont les espèces d'actions qui tendent nécessairement à produire le bonheur, quelles sont celles qui tendent nécessairement à produire le malheur. A l'exception du mot « nécessairement » je n'ai rien à dire contre ces affirmations, et (à condition de supprimer ce mot) je ne pense pas qu'aucun des avocats modernes de l'utilitarisme soit d'une autre opinion. Bentham, à qui Mr. Spencer s'est particulièrement référé dans sa *Social Statics* est bien le dernier auteur à qui on puisse reprocher d'avoir répugné à déduire des lois de la nature humaine et des conditions générales de l'existence humaine l'influence des actes sur le bonheur. Le reproche qu'on lui adresse communément est [au contraire] d'accorder trop de confiance à de telles déductions et de ne vouloir à aucun prix se laisser enchaîner par les propositions générales tirées d'une expérience spécifiquement morale [*specific*], propositions dont se contenteraient généralement les utilitaristes, à en croire Mr. Spencer. Mon opinion personnelle (et aussi, je pense, celle de Mr. Spencer) c'est qu'en morale, comme dans toutes les autres branches des études scientifiques, la concordance des résultats obtenus par ces deux procédés, chacun des deux corroborant et vérifiant l'autre, est requise pour assurer à une proposition générale la sorte et la somme de justifications qui constituent la preuve scientifique * [45].]

* L'alinéa entre crochets est traduit de la 4e édition. Il ne figurait naturellement pas dans la 1re.

tice : elle n'est aucunement appliquée ou tenue pour applicable universellement; au contraire, ainsi que j'en ai déjà fait la remarque, elle s'infléchit selon l'idée que se fait chacun de l'intérêt [*expediency*] social. Mais, dans tous les cas où on la juge applicable de quelque façon que ce soit, on la regarde comme dictée par la justice. Toutes les personnes sont estimées avoir *droit* à l'égalité de traitement, à moins que quelque intérêt [*expediency*] social reconnu n'exige le contraire. De là vient que toutes les inégalités sociales qui ont cessé d'être considérées comme expédientes, apparaissent désormais non pas simplement comme inexpédientes, mais comme injustes, et semblent si tyranniques que les gens sont enclins à s'étonner qu'on ait jamais pu les tolérer; oubliant qu'ils tolèrent peut-être eux-mêmes d'autres inégalités, à la faveur d'une conception tout aussi erronée de ce qui est expédient; l'erreur une fois redressée, les inégalités qu'ils approuvent leur paraîtront tout aussi monstrueuses que celles qu'ils avaient enfin appris à condamner. L'histoire entière des progrès sociaux a été une série de transitions qui ont amené les coutumes ou les institutions les unes après les autres à passer du rang de nécessités premières — ou supposées telles — de la vie sociale au rang d'injustices universellement stigmatisées et d'institutions tyranniques. Il en a été ainsi des distinctions entre esclaves et hommes libres, nobles et serfs, patriciens et plébéiens; il en sera ainsi, et c'est déjà fait en partie, pour les aristocraties de couleur, de race et de sexe.

Il apparaît, à la lumière de ce qui précède, que le mot justice désigne certaines exigences morales qui, considérées dans leur ensemble, se situent très haut dans l'échelle de l'utilité sociale, et sont donc plus rigoureusement obligatoires que n'importe quelles autres; cependant il peut se présenter des cas particuliers dans lesquels un autre devoir social est si important qu'il nous oblige à négliger les maximes générales de justice. Ainsi, pour sauver une vie, non seulement on peut se permettre, mais c'est un devoir, de voler ou de prendre par force la nourriture ou le médicament nécessaires, ou d'enlever [*kidnap*] le médecin, quand il est le seul praticien qualifié, et de le contraindre à remplir sa fonction. Dans de tels cas, comme nous refusons le nom de justice à ce qui n'est pas une vertu, nous disons d'habitude, non pas que la justice doit faire place à quelque autre principe moral, mais que ce qui est juste dans les cas ordinaires cesse, en raison de cet autre principe, d'être juste dans le cas particulier. Grâce à cet artifice commode de langage, nous conservons à la justice son autorité indéfectible et nous échappons à la nécessité d'affirmer qu'il peut y avoir une injustice louable.

CONCLUSION : LES ACTES DE JUSTICE CORRESPONDENT A DES EXIGENCES SOCIALES QUI SONT LES PLUS IMPORTANTES ET LES PLUS IMPÉRIEUSE DE TOUTES

Les considérations qui précèdent résolvent, je crois, la seule difficulté véritable que présente la morale utilitariste. Il nous est toujours apparu comme évident que tous les cas qui relèvent de la justice sont aussi des cas qui relèvent de l'intérêt [*expediency*]; la différence entre les uns et les autres réside dans le sentiment [*sentiment*] particulier qui, s'attachant aux premiers, les distingue des seconds. Si nous avons donné de ce sentiment caractéristique une explication satisfaisante; s'il n'est pas nécessaire de lui assigner une origine particulière; s'il est simplement un sentiment [*feeling*] naturel — celui du ressentiment — qui est devenu moral en passant au service exclusif du bien social; si, enfin, ce sentiment naturel existe — et s'il faut [*ought*] qu'il existe — dans toutes les espèces de cas auxquels s'applique l'idée de justice, cette idée ne se présente plus comme une pierre d'achoppement pour la morale utilitariste. Le mot justice reste le terme approprié pour qualifier certaines conduites dont l'utilité sociale est infiniment plus importante, et qui, pour cette raison, s'imposent de façon plus absolue et plus impérative que n'importe quelles autres sortes de conduites (encore que, parmi ces dernières, il puisse y en avoir qui s'imposent tout autant dans des cas particuliers). Elles doivent [*ought*] donc être sauvegardées, comme une tendance naturelle [46] le fait déjà, par un sentiment [*sentiment*] qui diffère de celle-ci non seulement en degré, mais spécifiquement, et qui se distingue, aussi bien par la précision plus grande de ses impératifs que par le caractère plus austère de ses sanctions, du sentiment [*feeling*] moins sévère lié à la simple idée d'accroître le plaisir ou les commodités humaines.

NOTES

1. « Summum bonum » = le Souverain Bien. Dès les premières pages de *L'Utilitarisme*, la morale de Mill apparaît comme singulièrement différente, par son esprit, de celle de Bentham. Mill pose le problème moral en termes de philosophie ancienne, se réfère à Socrate et à Platon, et attribue même à Socrate l'honneur d'avoir défendu dès l'antiquité la thèse utilitariste.

Bentham, lui, n'avait que mépris pour les philosophes de l'antiquité. Les conceptions anciennes du Souverain Bien lui paraissaient ridicules. Il déclarait même que « Socrate et Platon débitaient des absurdités sous prétexte d'enseigner la sagesse et la morale. Ils avaient une morale pour la déclamation et une autre pour l'action quotidienne. » Ces attaques, parfois très injurieuses, occupent un chapitre entier de la *Déontologie* (p. 49 à 72 de la traduction Laroche).

De telles accusations indignaient Mill : « Socrate et Platon sont traités [par Bentham] dans des termes qui sont affligeants pour ses plus grands admirateurs; et l'incapacité d'apprécier de tels hommes est un fait qui s'accorde parfaitement avec les habitudes d'esprit générales de Bentham (Etude de 1838 sur Bentham in J. S. Mill, *Dissertations and Discussions*, t. I, p. 287 de l'éd. Routledge).

2. Mill emploie le mot dans le sens où on l'employait couramment au XVIIIe siècle. La « métaphysique » était, chez beaucoup de philosophes de cette époque, la recherche des principes généraux d'un art ou d'une science quelconques, sans qu'une telle recherche apparût comme capable de nous donner accès au monde des « choses en soi » (V. Lalande, *Vocabulaire technique et critique de la philosophie*, au mot *Métaphysique*, 6e éd., p. 618-619).

3. Qu'est-ce, pour Mill, qu'un « art pratique » ? « Tout ce qui se formule en règles ou préceptes, et non en assertions relatives à des questions de fait [comme les lois scientifiques] est un art. »

Système de logique, VI, 12, 1, trad. Belot, p. 196). C'est le cas de la morale. Or « tout art comporte un premier principe, une majeure générale qui n'est pas empruntée à la science; c'est celle qui énonce l'objet poursuivi et le déclare désirable. » (*Ibid.*, p. 206.)

Mais entre les arts pratiques « subordonnés » et la morale, Mill établit une différence importante. « Dans les arts subordonnés il y a rarement une nécessité visible de justifier la fin, puisqu'en général personne ne nie qu'elle soit désirable. » (*Ibid.*, p. 209.) Ainsi on admet sans discussion pour l'hygiène et la médecine que la conservation de la santé et la guérison des maladies sont désirables. Il en est autrement des trois arts (« malheureusement en majeure partie à créer ») appelés à régir l'ensemble de la conduite humaine et que Mill groupe sous le titre général d' « Art de la vie » (Morale, Prudence ou Conduite des affaires [*Prudence or Policy*], Esthétique) [*Ibid.*, p. 207]. La morale est donc tenue de justifier le premier principe sur lequel elle prétend se fonder.

C'est ici qu'apparaît la difficulté dont il est fait mention au paragraphe suivant. Les préceptes de la morale ne seront justifiés que si la fin qu'ils prétendent servir est elle-même justifiée. Mais comment le sera-t-elle ? Impossible, selon Mill, de faire appel à un sens spécial ou à un instinct privilégié infaillible, ou à une raison pure qui nous révélerait ce principe en le justifiant du même coup. Encore moins Mill aurait-il admis la « transcendance », des valeurs ou leur création par un choix arbitraire. C'est à l'observation et à l'expérience que nous sommes tenus d'avoir recours. Mais pouvons-nous fonder sur cette base autre chose que des jugements de réalité ? Telle est la question que pose Mill et que pose encore l' « axiologie » contemporaine.

4. L'expression « école intuitionniste » [*intuitive school*] est courante dans la philosophie anglaise. Ainsi que le mot *intuitionalism*, elle désigne les doctrines qui admettent :

1° que la connaissance repose sur l'intuition de vérités rationnelles et supérieures à l'expérience;

2° que l'existence d'une réalité matérielle est directement connue et n'est ni inférée, ni construite (Ecole écossaise. Hamilton et ses successeurs. Eclectiques français) » (Lalande, *Vocabulaire*, au mot *Intuitionnisme*).

Mais, du point de vue moral, Mill donne un sens encore plus large à l'expression : « Il y a deux théories concernant l'origine [des jugements et des sentiments moraux]. Selon l'une, la distinction entre le bien et le mal est un fait irréductible et inexplicable; nous faisons cette distinction comme nous distinguons les couleurs entre elles, par une faculté particulière; les plaisirs et les peines; les désirs et les aversions qui résultent de cette perception sont tous des faits naturels et irréductibles; au même titre que les plaisirs, peines, désirs et aversions qui s'attachent aux saveurs douces ou amères, aux sons plaisants ou agréables. Cette théorie est appelée théorie du sens moral — ou des instincts moraux — ou de la moralité éternelle et immuable — ou des principes intuitifs de la morale — ou de bien d'autres noms; ceux qui adoptent la théorie attachent beaucoup d'importance à toutes ces différences; mais pour notre dessein présent tous ces systèmes sont équivalents [ce sont des systèmes intuitionnistes].

« Selon l'autre théorie [la théorie utilitariste], les idées de bien et de mal et les sentiments qui s'attachent à ces idées ne sont pas des faits irréductibles, mais peuvent être expliqués... » (*Dissertations and Discussions*, t. I, 1835, éd. Routledge, p. 99-100.)

Toujours bien résolu à ne pas s'attacher à des distinctions qu'il juge superflues, Mill critique, dans les pages qui vont suivre, les doctrines du sens moral (sans doute Hutcheson, Shaftesbury, Hume et Reid) aussi bien que la doctrine rationaliste de Kant, qui ne sont pour lui que des formes diverses de l'intuitionnisme.

5. C'est vraisemblablement à Herbert Spencer que Mill songe. Dans sa « Social Statics » (1851), Spencer admet que l'école de Shaftesbury est partie d'un bon principe en affirmant que l'homme possède un instinct moral inné, mais a eu tort de prétendre que cet instinct peut résoudre les cas particuliers et prendre la place de la logique (p. 29). Le rôle du sens moral est de donner naissance à un « axiome moral » à partir duquel la raison peut développer une morale systématique (*Ibid.*, p. 30). Hutcheson, lui aussi, concevait le sens moral comme un ensemble de dispositions *générales* et affirmait la nécessité de l'observation et du raisonnement pour la solution des cas concrets.

6. L'expression « le plus grand bonheur du plus grand nombre » [*the greatest happiness of the greatest number*] semble avoir été employée pour la première fois, non par Bentham, mais par Hutcheson (*Enquiry into our ideas of Beauty and Virtue*, 5ᵉ éd., 1753, V. Plamenatz — The English Utilitarians, p. 22) et aussi par Beccaria dans son *Traité des délits et des peines* (trad. anglaise en 1767). Mais il reste vrai que c'est vers la fin de sa carrière (en 1822, semble-t-il) que Bentham, qui employait d'abord, pour désigner le principe de sa morale, l'expression « *the principle of utility* » (qu'on trouve déjà d'ailleurs chez Hume et Helvetius), lui substitua l'expression

employée par Hutcheson et Beccaria, mais à laquelle le nom de Bentham devait désormais rester attaché : « *the greatest happiness principle* » (V. Halévy, *La formation...*, t. III, p. 344 et 479, et aussi Bowring, « Coup d'œil sur le principe de la maximisation du bonheur », in Bentham, *Deontology*, trad. Laroche, t. I, p. 343 à 392).

7. C'est apparemment dans les *Fondements de la métaphysique des mœurs* que Mill a pris la formule de Kant. En voici la traduction littérale : « Agis seulement d'après une maxime telle que tu puisses vouloir en même temps qu'elle devienne une loi universelle » (Kant-Grundlegung... éd. Reclam, p. 55). A cette première formule Kant en ajoute une seconde : « Agis comme si la maxime de ton action devait être érigée par ta volonté en loi universelle de la nature » (*Ibid.*, p. 56). Kant ne considère d'ailleurs pas qu'il faille chercher dans ces formules, ainsi que l'affirme Mill, « l'origine et le fondement de l'obligation morale ». Elles fournissent seulement le critérium de *l'appréciation* morale.

On peut se demander si Mill n'est pas fondé à penser que la notion d'utilité est inconsciemment introduite par Kant dans son argumentation et si ce n'est pas la prévision des conséquences nuisibles pour lui-même ou pour les autres qu'entraînerait l'universalisation de la maxime qui la fait rejeter par l'agent raisonnable. L'objection de Mill avait déjà été faite à Kant par Schopenhauer, et par bien d'autres. Elle a été reprise par Belot (*Etudes de Morale positive*, 1re éd., p. 44-48). Kant avait d'ailleurs prévu cette interprétation de sa pensée et l'avait expressément désavouée (V. Delbos. *La Philosophie pratique de Kant*, p. 363 note).

Mill présente la même argumentation avec plus de précision au chap. v., p. 136.

8. Le mot « *utilitarian* » a été en effet souvent employé en Angleterre dans une acception péjorative. « Comme substantif, il se dit aussi d'une personne exclusivement attachée à l'utilité pure ou à ses intérêts matériels. » « Comme adjectif : qui concerne l'utilité pure plutôt que la beauté, les agréments de la vie, etc. » (Dictionnaire de Murray, à ce mot.) Le mot « utilitaire » est pris assez souvent en France dans la même acception (V. Lalande, *Vocabulaire*).

Il est possible que le mot « *utilitarian* » ait été *mis en circulation* par Mill lui-même. Mais il semble avoir été forgé, non pas par Galt, comme semble le croire Mill, mais par Bentham lui-même (*Lettre à Wilson*, 1781 ; *Lettre à Dumont*, 1802.)

Mill désigna de ce nom en 1823 la Société d'études et de discussion entre jeunes gens, qu'il venait de créer. C'est par une sorte de forfanterie (il avait un peu moins de 17 ans!) qu'il avait emprunté le mot à Galt, qui l'employait dans un sens péjoratif. Le roman intitulé *Annales de la paroisse* avait paru en 1821. Mais l'enthousiasme sectaire et agressif avec lequel certains « utilitaristes », du groupe (Charles Austin en particulier) propagèrent la doctrine causa dans le groupe même, et surtout à Mill, une telle gêne, que cette appellation fut abandonnée en 1824 (*Mes Mémoires*, trad., Cazelles, p. 75-76 et 108).

Au surplus, Mill, à cette date, se sentait déjà en désaccord avec l'esprit de l'utilitarisme de Bentham et de son père James Mill et avec certaines thèses que ceux-ci prétendaient déduire, dans le triple domaine du droit, de l'économie et de la politique, du principe de l'utilité. On observera que Mill, à la fin de sa note, déclare que le mot « utilitarisme » ne mérite d'être conservé que pour désigner *uniquement le principe de l'utilité*, abstraction faite de la façon dont *il peut être appliqué*.

Sur l'évolution intellectuelle des membres de la Société utilitariste de 1823 et leur crainte de passer pour sectaires, V. lettre de W. E. Tooke (qui avait appartenu à la société) à G. d'Eichthal (J. S. Mill, *Correspondance inédite avec G. d'Eichthal*, trad. E. d'Eichthal, p. 96 et 97).

9. L'incorporation à la doctrine utilitariste « d'éléments chrétiens » n'aurait certainement pas été du goût de Bentham et des benthamites de stricte observance. Ceux-ci étaient résolument hostiles non seulement aux Eglises, mais aux religions en général, y compris le christianisme (V. Halévy, *La formation...*, t. II, p. 263 à 274). Quoique l'ascétisme et le sacrifice « gratuit » soient condamnés par Mill (*Utilitarisme*, p. 64) comme ils l'avaient été par Bentham, Mill reste très attaché à l'altruisme évangélique, mais il le détache de son contexte religieux. Et c'est dans le passage même où il déclare incorporer à l'utilitarisme « la règle d'or de Jésus de Nazareth » (*Utilitarisme*, p. 66) qu'il condamne expressément le sacrifice sans objet.

10. Mill considère d'ailleurs (p. 56) que les douleurs et les plaisirs, n'étant pas homogènes, ne sont pas mesurables et qu'il incombe aux hommes compétents seuls d'en *apprécier* le quantum.

11. Dans son étude de 1838, Mill énumère un certain nombre de sentiments qu'il reproche à Bentham de n'avoir pas fait figurer dans son tableau des « Ressorts de l'action », et en particulier « le sens de l'honneur et de la dignité personnelle — ce sentiment de l'élévation ou de la dégradation de la personne, qui s'affirme sans dépendre en rien de l'opinion des gens ou même

au mépris de cette opinion ». Il remarque aussi que « ni l'expression *respect de soi-même*, ni l'idée à laquelle le mot correspond n'apparaît une seule fois, autant qu'il m'en souvienne, dans toute son œuvre » (*Dissertations and Discussions*, t. I, éd. Routledge p. 294). On néglige souvent d'observer que les sentiments de ce genre (amour du beau, de l'ordre, du pouvoir, de l'action) et les actes qu'ils peuvent suggérer ne relèvent pas, selon Mill, de la moralité proprement dite (dont l'obligation est la caractéristique). Nous nous trouvons ici dans le domaine du sentiment et de l'imagination alors que la conduite morale relève de la raison et de la conscience (*Ibid.*, p. 316).

12. Ces « circonstances » correspondent aux « *circumstantial advantages* » (avantages extrinsèques) de la p. 51 : stabilité, sûreté, etc. Ce sont en somme les différents éléments que Bentham prend en considération pour son calcul des plaisirs.

Si l'on envisage deux cas pour lesquels le calcul ainsi pratiqué donne les mêmes résultats, il est impossible, selon Bentham, d'admettre qu'il y ait plus de bonheur dans un cas que dans l'autre. « Pour une même quantité de plaisir, le jeu de *pushpin* vaut la poésie », écrivait Bentham (cité par Mill, in « Bentham », 1838, *Dissertations and Discussions*, t. I, de l'éd. Routledge, p. 318). Mill soutient au contraire que, en dépit de l'équivalence quantitative [*in anything like equal circumstances*], le bonheur de l'être supérieur l'emporte sur celui de l'être inférieur. Bentham — car c'est bien à lui que Mill semble penser — a le tort de ne pas distinguer le bonheur [*happiness*] et la satisfaction [*content*]. V. note 13.

13. La distinction entre la satisfaction [*content*] et le bonheur [*happiness*] est d'une importance capitale dans la morale de Mill. « Le monde étant fait comme il l'est », l'homme est toujours plus loin que l'animal d'atteindre la *satisfaction* complète. Moins complètement *satisfait*, il est cependant plus *heureux*.

14. La « qualité » est, selon Mill, un attribut *essentiel* (*intrinsic*) du plaisir et de la conduite et, pour la reconnaître sans risque d'erreur, il est indispensable de l'isoler soigneusement de ses attributs *extrinsèques*, aussi bien que du sentiment d'obligation qui peut venir s'y ajouter dans certains cas, et de la prévision des conséquences qui peuvent suivre. Mill ne conteste pas, pour autant, ni le rôle du sentiment d'obligation dans la moralité, ni la nécessité, pour apprécier la valeur morale d'un acte, d'en prévoir les conséquences, conformément au « principe de l'utilité ». Voir notes 11, 30 et 38.

15. Thomas Carlyle (1795-1881), l'un des penseurs les plus originaux et les plus vigoureux de l'âge victorien, fut, avec

Ruskin, le principal animateur de la réaction idéaliste et mystique contre le scientisme, le rationalisme, l'égoïsme industriel et l'esprit « utilitaire » de l'époque.

On lit dans le *Sartor resartus* de Carlyle, inspiré de Kant et paru en 1834 : « C'est excellemment que l'homme le plus sage de notre temps [Gœthe] a écrit : « Ce n'est à proprement « parler qu'à partir du renoncement (Entsagen) qu'on peut dire « que la vie commence » (*Sartor resartus*, trad. du Mercure de France, p. 224). C'est dans le même passage (p. 225) que Carlyle conteste à l'homme le droit d'être heureux. Le renoncement, pour Gœthe, est la sérénité qui succède à l'exaltation romantique du « Sturm und Drang ». Cette sérénité se mue chez Carlyle en ascétisme puritain.

16. Novalis (de son vrai nom Friedrich von Hardenberg) (1772-1801), poète, philosophe et romancier, est l'un des plus brillants représentants du premier romantisme allemand.

On peut douter que Mill ait exactement interprété le « suicide philosophique », inspiré sans doute du *Phédon* de Platon et recommandé par Novalis, en le considérant comme « un suicide universel et simultané de toute la race humaine » (Lettre écrite par Mill à sa femme en 1854).

17. L'une des pratiques les plus connues de l'ascétisme chrétien était le séjour prolongé sur une colonnade en ruines ou au sommet d'une colonne isolée. Saint Siméon Stylite (du grec στῦλος, colonne) [390-459] fut l'initiateur de cette pratique. Il eut de nombreux imitateurs jusqu'au XVe siècle.

18. Ce terme est surtout usité chez les philosophes anglais. Ils désignent par ce mot toute doctrine qui admet des formes et des concepts a priori, dominant l'expérience. Vraisemblablement Mill a pensé surtout à Kant dont il a critiqué la doctrine aux chap. I et V.

19. Bentham estimait que la bienfaisance qui n'exige aucun sacrifice personnel peut s'exercer sans limite. Mais s'il y a lieu d'envisager un sacrifice personnel, la prudence s'impose. En vertu du principe du plus grand bonheur, l'agent doit produire pour autrui la plus grande quantité de bonheur *aux moindres frais pour lui-même* (*Introd. to the Principles of Morals and Legislation*, chap. II, éd. Harrison, p. 132 à 136). C'est ce que Carlyle appelait « une morale par profits et pertes ». La pensée de Mill ne coïncide avec celle de Bentham que sur un point. Le sacrifice, *pris en lui-même*, est nuisible. La valeur morale du sacrifice utile à l'humanité ou à tel ou tel groupement humain reste grande, selon Mill, tant que les structures sociales n'auront pas été améliorées.

20. « *Golden rule* » est, en anglais, l'expression consacrée pour désigner spécialement le commandement évangélique. Qu'on remarque l'expression « Jésus de Nazareth ». Dans son *Essai sur le théisme* rédigé l'année de sa mort (1873) et paru en 1874, Mill s'exprime ainsi : « ... Ces vues profondes doivent placer le prophète de Nazareth, même aux yeux de ceux qui ne le croient point inspiré, au premier rang parmi les hommes d'un génie sublime dont notre espèce ait le droit d'être fière », et un peu plus loin : « On ne peut pas dire que la religion ait fait un mauvais choix en jetant les yeux sur cet homme pour en faire le représentant idéal et le guide de l'humanité. » (*Essais sur la Religion*, trad. Cazelles, p. 239.)

21. John Llewellyn Davies (1826-1916), théologien et éducateur, appartenait au mouvement socialiste chrétien de Kingsley et Maurice. Maurice et Davies créèrent des établissements d'enseignement supérieur pour les ouvriers et pour les femmes. Davies et sa sœur luttèrent énergiquement pour le suffrage des femmes et leur admission aux grades universitaires. Mill était très favorable à ce mouvement.

22. Le problème posé par Bentham est essentiellement un problème de droit pénal. Le juge doit-il tenir compte de l'intention lorsqu'il est appelé à infliger une peine, et s'il le doit, dans quelle mesure ?

Bentham distingue les motifs, « ressorts » de l'action, dont le juge n'a pas à tenir compte, les « dispositions » permanentes grosses d'actions futures bonnes ou mauvaises, qui doivent être prises en considération et les « intentions » qui font déjà partie de l'acte et dont il faut tenir grand compte (*Bentham*, Introd. chap. VIII et IX, éd. Harrison, p. 210-211).

23. Dans toute cette note, Mill expose et adopte, en ce qu'elle a d'essentiel, la théorie de Bentham. Cependant Bentham ne s'intéressait pas à la valeur de l'agent — en quelque sens qu'on prenne le mot « valeur » — et Mill le lui a vivement reproché dans les deux études qu'il a consacrées à Bentham en 1833 et en 1838. Mais pour Mill (du moins à partir de 1838), le jugement de *valeur* ayant pour objet le caractère de l'agent n'est pas un jugement de *moralité*. Nous admirons ou méprisons, aimons ou détestons le caractère ou certains traits de caractère de l'agent ou certains motifs qui l'ont déterminé : c'est le domaine de la « *worthiness* », qui relève du sentiment, et non celui de la « *morality* », qui relève de la raison et de la conscience et se limite aux actes. Voir 6e objection, p. 71.

Voir l'étude (anonyme) de Mill sur Bentham (in Bulwer Lytton, *England and the English*, p. 473 et suiv., 1833) et sa seconde étude dans *Dissertations and Discussions*, t. I, éd. Routledge, p. 294 et 295, 316 et 317 (1838).

24. Ainsi s'achève la réfutation de l'objection : « L'idéal utilitariste est trop élevé pour l'humanité », ou, en d'autres termes : « Il est impossible de rattacher sa conduite, dans la vie quotidienne, à un idéal aussi élevé, aussi lointain et aussi indéterminé que « le plus grand bonheur du plus grand nombre ».

Mill lui-même avait adressé l'objection à Bentham, en lui reprochant de n'avoir pas envisagé les principes *subordonnés*, les « axiomata media » de la morale, qui recueillent bien plus facilement l'assentiment général que le principe dernier. Mill allait même jusqu'à déclarer que la polémique utilitariste concernant le premier principe « est surtout importante d'un point de vue purement scientifique, pour donner de l'unité systématique et de la cohérence à la philosophie morale » (« Bentham », 1838, in *Dissertations and Discussions*, t. I., éd. Routledge, p. 314 et suiv.).

25. La pensée de Mill semble être la suivante. Il est sans doute difficile de mettre d'accord les moralistes de tendances divergentes lorsqu'il s'agit de distinguer dans la pratique ce qui est et ce qui n'est pas violation de la loi morale. Mais la difficulté s'atténue si l'on adopte le point de vue utilitariste, car le jugement d'appréciation, pour l'utilitariste, ne porte pas, ou ne porte que secondairement sur l'agent, dont les dispositions et les intentions sont souvent très difficiles à connaître; il porte essentiellement sur l'acte, dont les conséquences sont « tangibles et intelligibles ».

26. Mill songe évidemment au théologien utilitariste Paley (1743-1805) dont la réputation était grande en Angleterre à la fin du XVIIIe siècle. Selon Paley, Dieu désire le bonheur de toutes ses créatures, et la vertu consiste, pour obtenir le bonheur sans fin qui nous attend dans une vie future, à obéir à la volonté de Dieu en travaillant au bien de l'humanité.

27. Passage important, qui a souvent échappé à l'attention. Cette conception de l'*expérience morale* apparaissait déjà dans la « théorie des sentiments moraux » d'Adam Smith (1759). On la retrouvera par la suite dans bien d'autres doctrines morales. Mais Mill a contribué plus que personne à lui donner cours dans la pensée philosophique moderne.

28. Chez les philosophes de langue anglaise, le mot « sanction » est pris dans une acception beaucoup plus large que dans la philosophie française. Baldwin le définit ainsi : « Tout principe ou toute raison *d'action* que l'individu ait ou non conscience que tel est le principe ou la raison qui le fait agir » (Bald-

win, *Dictionary of Philosophy and Psychology*, au mot « sanction »). C'est d'ailleurs, semble-t-il, Bentham et Mill lui-même qui ont élargi ainsi le sens du terme. Toutefois, dans le présent chapitre, le mot « sanction » est pris dans un sens un peu plus étroit : il désigne seulement ceux des motifs d'action qui constituent des garanties d'efficacité pour les règles morales, ce qui nous renvoie au sens primitif du mot : « *quod sancit legem* », ce qui donne à la loi un caractère sacré pour l'agent, c'est-à-dire ce qui en assure le respect. Dans notre langue, le mot est pris dans une acception plus étroite encore : c'est la peine ou (plus rarement) la récompense qui sont attachées par l'autorité qui a édicté une loi ou une règle à leur violation ou à leur observation.

Voir Lalande, *Vocabulaire*, au mot « sanction ».

29. Le mot anglais « *unity* » serait, semble-t-il, très exactement rendu par notre mot français « solidarité » qui, comme l'anglais « *unity* », désigne tantôt une interdépendance de fait, tantôt une interdépendance idéale. Mais ce mot, usité en France dès 1765, n'était pas encore devenu d'usage courant en Angleterre en 1860.

30. Mill, qui sur ce point est très loin de Bentham, attache une grande importance au sentiment d'obligation. Mais la conception qu'il en a est bien différente de celle de Kant. Le sentiment d'obligation est, pour Kant, le sentiment de la pression qu'exerce sur nos désirs notre volonté raisonnable et autonome, manifestation d'une liberté transcendante. Mill ne méconnaît ni l'existence, ni l'importance de cette pression, mais il ne l'attribue pas à un principe transcendant. Elle est, selon lui, la résultante d'une multitude de sentiments naturels ou acquis, d'intensité variable et de valeur très inégale. Mais il admet que ce sentiment d'obligation, dont les facteurs sont si nombreux et si divers, peut être débarrassé des impuretés qui risquent d'en altérer la valeur et lié à l'« idée pure » du devoir. C'est *alors seulement* qu'il mérite d'être appelé conscience. L' « idée pure » du devoir ne peut se définir évidemment que par son contenu : c'est l'idée d'un devoir ayant pour objet d'assurer la sécurité ou même l'existence de la société et de ses membres.

En gros, nous pouvons, sans trop d'imprudence, considérer comme moralement valables les règles qui s'imposent comme obligatoires à la conscience commune, parce que ce caractère obligatoire leur a été, après expérience, plus ou moins volontairement conféré par l'humanité désireuse d'assurer son existence et son bonheur.

31. Les mots « *transcendental* » et « *transcendent* » sont souvent employés indifféremment par la philosophie anglaise. Ici

Mill entend évidemment par « *transcendental fact* » un fait qui dépasse les limites de l'expérience possible. Le mot *transcendant* me semble s'imposer en français.

Mill fait ici allusion à la morale de Kant pour qui le fondement du devoir est dans le monde des choses en soi.

32. Au sujet de l'influence exercée par Comte sur la pensée de Mill, voir Lévy-Brühl, *Lettres inédites de J. S. Mill à Aug. Comte* (précédées d'une préface de 37 pages), Paris 1899 et I. W. Mueller, *J. S. Mill and French Thought*, Urb. Ill., 1956.

Mill a échangé avec Comte entre 1841 et 1847 une correspondance très active, qui s'espaça peu à peu et finalement cessa à la suite de malentendus dont Mill ne porte pas la responsabilité. Il a été un grand admirateur de Comte. Il a fait siennes, en les adaptant à sa philosophie personnelle, les conceptions positivistes de l'évolution du savoir humain, de la systématisation des connaissances, de la sociologie générale, du service de l'humanité. Toutefois, en 1865, il éprouva le besoin, en fixant exactement sa position à l'égard du comtisme, de formuler d'importantes réserves, surtout sur la seconde philosophie de Comte. Ce fut l'objet de deux articles de la *Westminster Review* (avril et juin 1865) qui parurent en volume la même année sous le titre : *Auguste Comte et le Positivisme*, trad. fr. 1868.

33. Mill est fidèle disciple de Bentham tant qu'il se borne à affirmer que la vertu est l'un des moyens — et l'un des moyens les plus sûrs — d'accroître le bonheur général (Bentham, *Déontologie*, t. I, p. 22, 25, 169, 172 de la trad. Laroche). Mais lorsqu'il déclare que la vertu doit être recherchée *pour elle-même* comme *une partie du bonheur* et non comme *moyen* de procurer quelque avantage à soi-même ou aux autres, il s'écarte indubitablement de Bentham.

34. Voir note 3.

35. Il faut entendre « indépendance à l'égard du plaisir et de la douleur ». Tant que la volonté de bien faire dépend du plaisir espéré ou de la douleur redoutée, elle est exposée à toutes les tentations. C'est l'habitude qui lui assurera cette constance inébranlable, que les stoïciens considéraient déjà comme un élément essentiel de la moralité. Voir *Remarks on Bentham's Philosophy*, 1833, p. 477.

36. Babeuf (1760-1797) réclamait un partage rigoureusement égal des richesses produites par le travail. Le communiste anglais Godwin (1756-1836) rêvait d'une société où chacun jouirait du produit du travail commun dans la mesure de ses besoins. Owen

(V. note 41) adoptait le même principe. Le droit de chacun au produit intégral de son travail, c'est-à-dire à une part de la richesse produite en commun qui soit proportionnelle au travail qu'il a fourni en quantité et en qualité, est affirmé par tous les systèmes socialistes.

37. Pas plus chez Mill que chez Bentham il ne peut être question d'un « droit naturel », au sens où l'entendaient les Constituants de 1789, s'opposant au droit positif. Les lois qui *doivent* exister sont celles qui peuvent contribuer à assurer le plus grand bonheur du plus grand nombre (V. Halévy, *La formation...*, t. I, p. 109 et 254-255).

38. Il faut entendre : « si l'on avait usé, ou si l'on devait user, de la contrainte à son égard ».

La pensée de Mill sur le problème du devoir, sans être absolument opposée à celle de Bentham, en diffère cependant profondément. Comme Bentham, Mill admet que la contrainte légale est à l'origine du sentiment d'obligation. Mais, selon Mill, ce sentiment s'est peu à peu transformé. On s'est considéré peu à peu comme autorisé à violer les lois, lorsque celles-ci apparaissaient comme *injustes*. La sanction légale a été peu à peu considérée comme pouvant rester *virtuelle;* la sanction de l'opinion et celle de la conscience personnelle lui ont été souvent substituées. Ainsi, le sentiment d'obligation, libéré de ses attaches avec le droit positif, est devenu caractéristique de la moralité proprement dite.

Mill dans son étude sur Bentham de 1838 (*Dissertations and Discussions*, t. I, éd. Routledge, p. 294) reproche à Bentham de n'avoir jamais reconnu l'existence de la conscience morale, au sens propre du mot.

39. Le domaine de la moralité est ici strictement délimité. Les jugements de valeur morale n'ont pour objet que les *actes obligatoires* ou *interdits*. Les autres jugements de valeur que nous portons, soit sur les agents, soit sur d'*autres catégories d'actes* ne concernent pas la moralité. Ils concernent soit l' « *expediency* » soit la « *worthiness* » ; voir note 23.

40. Alexandre Bain, professeur à l'Université d'Aberdeen, en Ecosse, défendit, dans ses ouvrages, des thèses voisines de celles de Mill, avec qui il entretenait d'ailleurs des relations d'amitié. Ses principaux ouvrages sont : *Les Sens et l'Intelligence*, 1855, *Les Emotions et la Volonté*, 1859, *Logique déductive et inductive*, 1870, *Mental and Moral Science*, 1868 (non traduit).

41. Robert Owen (1771-1858), grand industriel, philanthrope, éducateur, réformateur social, fondateur de colonies commu-

nistes et philosophe, est l'une des figures les plus curieuses et les plus attachantes de l'Angleterre du XIXe siècle. Sur sa vie et sa doctrine, voir Edouard Dolléans, *Robert Owen*, Paris, 1907.

42. La moralité d'un acte ne se définit donc pas *uniquement* par ses conséquences, comme l'affirmaient Bentham et James Mill. Celles-ci ne sont qu'un élément de la moralité. Certes, pour J. S. Mill, la considération des conséquences domine toujours l'appréciation morale; certes la valeur de l'agent — « intentions » mises à part — ne relève pas de la *moralité*, au sens strict du mot. Mais l'importance que Mill attache à la *qualité* des plaisirs, au caractère de l'agent et à l'éducation de soi-même, déplace, pour ainsi dire, le centre de perspective de l'ancien utilitarisme. Voir Halévy, *La formation...*, t. III, p. 300 à 302.

43. Spencer avait critiqué durement l'utilitarisme de Bentham dans sa *Social Statics* parue en 1851, et il devait renouveler ses critiques, dirigées cette fois contre Mill autant que contre Bentham, vingt-huit ans plus tard, dans ses *Data of Ethics* (1879). Mill n'était donc pas mal fondé à considérer Spencer, dès 1861, comme un adversaire de l'utilitarisme.

A vrai dire, la morale de Spencer rejoint celle de Mill sur bien des points. Mais, alors même que les deux philosophes semblent penser de même, on s'aperçoit souvent que les mêmes mots n'ont pas pour eux le même sens, ni surtout la même résonance affective.

D'abord Mill, qui tient beaucoup à l'autonomie de la morale et qui, d'ailleurs, se défie toujours des « systèmes », répugne à faire dépendre les règles de la conduite d'une conception générale de l'univers, dont la valeur au surplus, ne lui paraît pas solidement établie. La morale de Spencer n'est en effet qu'une pièce détachée de son *Système de philosophie synthétique*, encore sur le chantier en 1861. Système ambitieux, qui devait donner l'explication de toute la réalité connaissable par une loi première : la conservation de la Force, et une formule génératrice : l'Evolution.

D'autre part, Mill compte sur l'éducation, sur la culture personnelle généralisée, sur les réformes sociales, sur l'influence de l'élite, pour orienter et hâter le progrès de l'humanité. Pour Spencer, tout au contraire, l'intervention de la volonté humaine dans le cours des choses, en faisant obstacle à l'accomplissement de la loi d'évolution, est le plus souvent malfaisante. La destinée de l'homme s'intègre à la destinée de l'univers. La conduite humaine n'est qu'un cas particulier de la « conduite universelle ». Infailliblement l'aspiration de l'homme au bonheur sera satisfaite lorsqu'il sera parfaitement adapté à ses conditions d'existence physiques, biologiques et sociales, et il ne dépend pas de notre volonté de hâter ou de retarder ce moment.

Enfin, le bonheur, tel que le conçoit Mill, se définit surtout par sa *qualité*. Il est l'épanouissement de la personnalité en ce qu'elle peut avoir de plus haut et de plus riche. Pour Spencer, le bonheur, terme fixé d'avance d'un processus d'adaptation, se définit « scientifiquement » en fonction de l'évolution universelle.

44. L'argumentation de Spencer (*Social Statics*, p. 22 et suivantes) est la suivante :

Bentham reproche aux partisans du « sens moral » de fonder leur morale sur des principes arbitraires. Mais Bentham ne fonde-t-il pas la sienne sur des principes tout aussi arbitraires ? Le principe « du plus grand bonheur du plus grand nombre » suppose en effet que l'on attribue à tous les hommes un droit égal au *bonheur*. Spencer, quant à lui, ne contesterait sans doute pas ce droit égal au bonheur, mais il nie que Bentham, dans le cadre de son propre système, puisse le justifier.

Mill répond : le droit égal de tous les hommes au bonheur, ou, plus exactement, la parfaite impartialité entre les personnes, n'est nullement *présupposée* par le principe du plus grand bonheur. Le sens véritable du prétendu postulat formulé par Spencer doit être rétabli ainsi : « D'égales quantités de bonheur sont toujours également désirables, *abstraction faite de la distinction des individus qui jouissent de ce bonheur*. » D'ailleurs, il ne s'agit pas d'un *postulat;* c'est la *définition* même du mot « bonheur » tel qu'il figure dans l'énoncé du principe. Le bonheur constitue en quelque sorte une masse impersonnelle, qu'il faut accroître au maximum et qui est formée d'éléments provenant de personnes distinctes, souvent très différentes les unes des autres. La répartition de cette masse entre les individus est un problème qui est posé et traité ultérieurement.

La réplique de Mill est acceptable. Seulement, ce devoir de justice à l'égard de Bentham une fois rempli, Mill reconnaît que le principe de Bentham, interprété comme il vient de le faire, pourrait bien, tout de même, reposer sur un postulat, qui serait le suivant : il est possible d'estimer *quantitativement* le bonheur en lui appliquant les règles de l'arithmétique, comme à toute autre quantité mesurable. C'est bien en effet ce postulat que formule Bentham, avec un certain embarras d'ailleurs, dans le texte suivant : « Cette addibilité du bonheur des sujets différents a beau, lorsqu'on la considère rigoureusement, apparaître comme fictive, elle est un postulat faute duquel tout raisonnement politique est rendu impossible. » (Halévy, *La formation...*, t. III, p. 350 et p. 481, note 55.)

On peut douter que Mill soit très disposé à souscrire à ce postulat, si l'on se réfère à la conception du bonheur qu'il développe, p. 51 à 58 et aux réserves qu'il présente sur l'évaluation quantitative des plaisirs, p. 56.

En réalité, Spencer a bien touché — sans le vouloir peut-être et sans en avoir eu nettement conscience — un point névralgique du benthamisme. La pensée de Bentham semble avoir flotté entre une conception rationaliste du bonheur qui permettrait de la « dépersonnaliser » en quelque sorte, pour en faire l'objet d'une étude quantitative, et une conception individualiste, plus conforme aux tendances générales de l'esprit anglais et aux aspirations du XVIIIe siècle français, et qui tendrait, comme Spencer en avait bien l'impression, vers l'égalitarisme.

Voir sur ce point Halévy, *La formation...*, t. III, p. 349 à 369.

45. C'est après la publication de *L'Utilitarisme* (1861) que Spencer adressa cette lettre personnelle à Mill. Dans sa *Social Statics*, parue dix ans auparavant, il s'était montré extrêmement sévère pour la morale utilitariste de Bentham. Il est permis de supposer que l'ouvrage de Mill modifia sensiblement son opinion. Il se défend maintenant d'être un adversaire de l'utilitarisme et oppose simplement son « utilitarisme rationnel » à l' « utilitarisme empirique » de Mill. Le texte de la lettre de Spencer a été reproduit par Bain (*Mental and Moral Science*, p. 721) et par Spencer lui-même (*Autobiographie*, trad. de Varigny, 1907, p. 304). On le trouvera ici même dans l'*Appendice*.

46. Les conduites justes sont sauvegardées *naturellement* par la réaction violente, le ressentiment, que nous éprouvons contre ceux qui menacent notre sécurité par leurs actes; mais nous devons aussi les sauvegarder *volontairement* en les maintenant au niveau où les ont élevées notre intelligence des conditions de la vie sociale et l'élargissement de notre sympathie à l'humanité tout entière.

APPENDICE

H. SPENCER ET J. S. MILL

Dans son *Autobiographie*, parue en 1904, Spencer s'exprime ainsi :

« J. S. Mill venait de publier son ouvrage sur *L'Utilitarisme*. A ma grande surprise, je m'y trouvai classé parmi les anti-utilitaristes. Désirant ne pas laisser passer un jugement que je considérais comme erroné, j'écrivis à l'auteur pour lui expliquer ma position, lui montrant en quoi j'étais d'accord avec l'école utilitarienne existante, et en quoi je m'en séparais. La partie essentielle de cette lettre fut publiée par Bain dans un des derniers chapitres de *Science mentale et morale;* mais elle ne se trouve nulle part dans mes propres livres. Comme cette anomalie me semble devoir disparaître, je décide de reproduire ici la lettre, en omettant les paragraphes du commencement et de la fin.

« La note en question m'a beaucoup surpris en me classant implicitement parmi les anti-utilitaristes. Je ne me suis jamais considéré comme un anti-utilitariste. Si je m'écarte de la doctrine telle qu'on la comprend d'ordinaire, c'est en ce qui concerne, non pas l'objet que doivent atteindre les hommes, mais la méthode à suivre pour l'atteindre. J'admets que le bonheur est la fin dernière à laquelle nous tendons, mais non qu'il doive être notre but prochain. La philosophie de l'utile, ayant conclu que le bonheur est ce que l'on doit obtenir, prétend que la morale n'a qu'à généraliser empiriquement les résultats de la conduite et n'a rien à fournir de plus comme règle de conduite que ces généralisations empiriques.

« Ce que je prétends, c'est que la Morale proprement dite — la science de la conduite droite — a pour objet de déterminer *comment* et *pourquoi* certains modes de conduite sont nuisibles et certains autres bienfaisants. Ces résultats bons et mauvais ne peuvent être des conséquences accidentelles de la constitution des choses, mais doivent en être des conséquences nécessaires, et j'estime que l'affaire de la science morale est de déduire des lois de la vie et des conditions de l'existence quelles sortes d'actions tendent nécessairement à produire du bonheur et quelles autres à produire du malheur. Ceci fait, ces déductions seront reconnues comme lois de la conduite; et il faudra s'y conformer indépendamment d'une estimation directe du bonheur ou de la souffrance...

« Pour qu'on saisisse tout à fait ma pensée, il me paraît nécessaire d'ajouter qu'il y a eu, et qu'il y a encore, se développant dans la race, certaines intuitions morales fondamentales correspondant aux propositions fondamentales d'une science morale développée; et que, quoique ces intuitions morales soient le résultat d'expériences d'utilité accumulées, graduellement organisées et héritées, elles sont devenues tout à fait indépendantes de l'expérience consciente. De même que l'intuition de l'espace, possédée par tout être vivant, vient, selon moi, d'expériences organisées et consolidées faites par les individus antérieurs qui ont légué à l'individu actuel leur organisation nerveuse lentement développée, comme, selon moi, cette intuition ne demandant qu'à être définie et complétée par l'expérience personnelle, est pratiquement devenue une forme de pensée en apparence tout à fait indépendante de l'expérience; de même je crois que les expériences d'utilité, organisées et consolidées à travers toutes les générations passées de la race humaine, ont produit des modifications nerveuses correspondantes qui, par une transmission et une accumulation continues, sont devenues en nous certaines facultés d'intuition morale. Certaines émotions, qui n'ont pas de base apparente dans les expériences d'utilité faites par l'individu, correspondent ainsi à une conduite bonne ou mauvaise. J'estime aussi que, de même que l'intuition de l'espace correspond aux démonstrations exactes de la géométrie qui interprètent et vérifient ses conclusions sommaires, de même les intuitions morales correspondront aux démonstrations de la science morale, qui interprétera et vérifiera leurs conclusions sommaires. »

Spencer, *Une autobiographie*, trad. de Varigny, Paris, Alcan, 1907, p. 304 à 307.

TABLE DES MATIÈRES

L'UTILITARISME

Achevé d'imprimer en septembre 2014
sur les presses de l'imprimerie Maury-Imprimeur
45330 Malesherbes

N° d'édition : L.01EHQN000224.B005
Dépôt légal : Septembre 1988.
N° d'impression : 12/10/192863

Imprimé en France